U0033288

閒步古城書系 01

幸福郵戳在台北

Taipei Friendly!!!

by Alice N.H. Chen

文‧攝影 陳念萱

Ning Publication

甯文創印記

開步 · 梵行 · 奇幻 · 蔬食 · 塔羅

CONTENTS 目錄

最友善的城市

最友善的城市

一開始,總覺得去機場是幸福的,可以去熱鬧的香港、靈氣逼人的尼泊爾、神秘玄悠的不丹、有趣的印度;接著是嚮往紐約的時尚創意、西雅圖秀麗的校園、溫哥華天堂般的生活社區、巴黎典雅而舒適的街道、里昂名不虛傳的美食、慕尼黑士商交融的人文薈萃、伊斯坦堡迷死人的多元藝術軌跡⋯⋯

後來,旅行頻率增加,去機場就更幸福了,因為回家的感覺,是溫暖而舒坦的。我想念菜市場的炒米粉、小餐館的幾碟小菜、窩在陽光下享受咖啡、跟三兩好友品茗;運氣好,還能聆聽古琴人劉行一的即興演奏,以及教堂免費提供的童想樂團古典室內演奏會;若不小心撞上羅馬尼亞提琴手跑來敲響吉普賽的浪漫曲調,就更讓人餘音繞樑一整年了⋯⋯

不知覺間,全球旅行二十餘年,卻發現最幸福的城市,竟然踏破鐵鞋無覓處,恰恰是自己最熟悉的台北。

外鄉人發現台北:幸福的滋味要到胃裡去尋找!

廣州的朋友到台北來找我玩,免不了大街小巷地吃喝一番,習慣大宴大酌大擺宴席的她,自然很少機會品嘗小資情調的巷弄生活,更何況還帶著陳年氣息的傳統滋味,幾碗茶幾碟小菜,就把她給收服了;最後,還強迫她務必要試試最討厭的巧克力。

這家擠得要命的小店,有各種巧克力餐飲,光是熱巧克力就有十幾種口味;我點了等候多年終於出爐上市的 Espresso Chocolate 濃縮咖啡巧克力,急苦進入甜膩的交會,無可言喻的蜜月情趣;再加上店家自製的香

草冰淇淋布朗尼，冰熱碰撞間，又淋上濃稠的熱巧克力醬；小女人一入口便大叫：「快給我找個當地的男人，我要嫁過來，太幸福了⋯⋯」幾分鐘前還死活不肯吃巧克力呢！

她在自己的博客裡寫道：「原來幸福的滋味是要去胃裡面尋找⋯⋯」

她在自己的博客裡寫道：「原來幸福的滋味是要去胃裡面尋找⋯⋯」

移居北京多年的老友返台，我依樣畫葫蘆地，照樣帶去吃喝一番；但這回換了場域，刻意挑選她從未造訪過的區域，用猜的。

近兩年來，人口驟減的小城，卻反而讓人慢下步調來，用心經營夢想中的小店家，古今交錯地，利用古蹟似的空間，卻以新概念的時尚精髓，來張羅餐飲的氛圍與桌上饗宴；幾抹綠蔭之間，戶外小桌椅，搭配精緻餐點，以及慢悠悠的享受過程，就是店家與客人之間最迷人的交流。

小城裡的買賣，向來是人情味最濃；有人不經意地熟稔過後，吃什麼都能齒頰生香回味無窮，更記住了店家與大廚的姓名，來去務必要打聲招呼，彷彿回家宴客，怎麼吆喝都能貼切地舒適。

許久未閒逛的她說：「唉呀！真不敢說我是這裡出生成長的在地人了，好陌生啊！」小城的變化在不知覺間，越來越深化地細緻，只有用散步，才能走出大道理來。

茶館、咖啡館與小酒館，更是五花八門地各有一方小天地，一小盞茶一

席話，便能讓人受用好一陣子，又更理解了傳統文化的精神；原來吃吃喝喝之間，還有一大本活人書等著人去閱讀呢！

除了人，不會有更好玩的場域能讓人醒過來。隨便一場吃喝，能回味無窮的，永遠是因為有意思的一群人；因此常有人說：「不要問吃什麼，而是跟誰吃？」去光顧老店家，就更是如此了。有趣的好老闆，遠比賣什麼，更能長長久久地吸引人一再地流連忘返。就如同許多遠道而來的朋友們，返鄉後總不忘交代一聲：「請幫我問候某某店家老闆……」

幸福的滋味要去胃裡尋找，而入嘴前，卻需要找到對的人，來畫龍點睛今天的幸福感！

014

忠孝東、西路是台北市的命脈，以中山北路上的立法院為區隔，
往東走是時尚繁華信義區，往西走是電影老商圈的西門町。

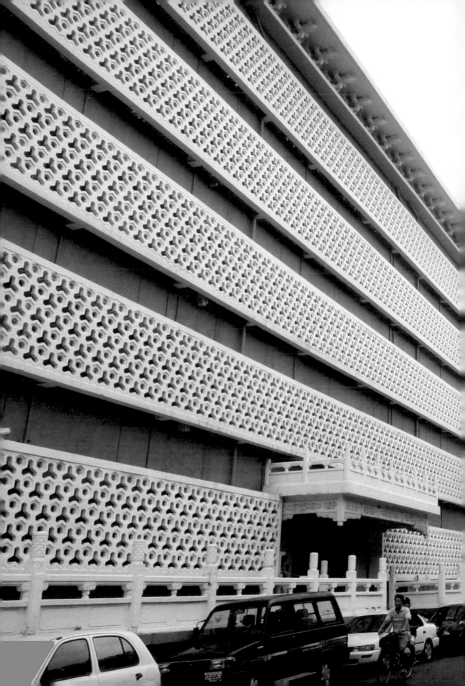

走過台北繁華路〉Part 1

【台北繁華變遷路】捷運三條線走完

台灣發展史，由南而北，端賴於天然海港使用與開發的承先啟後；『一府二鹿三艋舺』的諺語，即來自於1860年安平與淡水一南一北的海港啟用，接著又在周邊開發了打狗與基隆港，至今遺留懷舊的幾許風華，早已紛紛演變為熱鬧的夜市生活商圈。1875年沈葆楨在艋舺（今北市萬華區）設立台北府，開啟了靠河海交流而居的台北繁華歲月。

東北支流基隆河、東南分流的新店溪與西南的大漢溪匯流成淡水河，懷抱台北盆地而入西北海口，讓淡水河天造地設地成為北台灣的生命之河。

凱達格蘭語音譯的艋舺，紀念了早期漢族與原住民攜手締造繁榮商圈的軌跡。淡水河流域的南北貨進出，一路延伸至今日萬華區的大稻埕，是位於北城門（承恩門）外最大的貨物集散地，其盛況超越了早期台灣首府安平港（今台南），差點兒被完全拆除舊樓的迪化街，仍是北市居民年節採購南北貨與布料的最佳去處。外僑與富商的往來頻繁，讓大稻埕日漸養成紙醉金迷的夜夜笙歌，觀光客最喜歡參觀的萬華夜市，依然殘留著紅燈區的蹤影。

有些懷舊情結的人，多年傾家蕩產地收集老舊古物，改造破舊不堪使用的老船，整修成私人博物館，停泊在基隆港，提供北區市民假日玩賞唏噓話當年，偶而舉辦茶會讓文人雅士交流。早期國民政府來台，也多半從基隆港進入，而讓台北市成為外省人的最大駐紮地，源頭啟於基隆港；基隆廟口夜市，亦成為海內外華人滿足饕客思鄉之情的重要市鎮。古代主要交通幹道的藍色公路再度啟航，讓荒廢多年的大稻埕碼頭又有了另類風情，提供遊客一路追尋繁華遺跡直達關渡，享受外來文化的河岸浪漫時光。英國鳥類學家在十九世紀訪台時，便發現關渡是台灣最完整的沼澤地帶，觀察亞洲候鳥遷移的最佳場所。

台北市捷運最早完工的木柵線、淡水線與板南線，除了按照難易度與使用率的成本考量而依序建造啟用外，台北建城的史蹟與市民的生活動線，也是當初規劃的實際因素。

木柵線（內湖線完成後改稱文湖線），其中松山機場經過市中心最熱鬧
的東區，穿越公認適合居住而房地產狂飆的校園集中地大安區，走過市區假日活動頻繁的大安森林公園，直達孩子們最喜歡造訪的動物園。

淡水線，則從東北直下西南，穿越整座台北市的心臟，途經台北盆地的繁華歷史軌跡，以台北火車站為中心點，與市民創造東遷新商圈的板南線交錯，是節慶假日最擁擠的線路，與巴黎六號、七號地鐵線的沿途博物館與百貨公司之時光交錯感類似。市民假日闔家遊覽的沿途風光有紅毛城、漁人碼頭、淡水老街、關渡自然景觀公園、琉園水晶博物館、北投溫泉區、故宮博物院、士林官邸與著名的古老夜市、市立美術館、孔廟與台灣博物館，和擁有國家劇院與音樂廳的中正紀念堂。

而淡水線往西南走過的新店線尾端，則是台北市民假日遊逛的碧潭風景區；師大夜市與台大公館夜市，是淡水連接新店的中心轉接點，讓這條捷運線，又有了非常獨特的風貌。

板南線，由西往東，以忠孝東西路為主幹道，從板橋、萬華到昆陽，直通西東之新舊熱鬧商圈，西經總統府而東過市政府，沿途可以看到的旅遊景點就有萬華的龍山寺、西門町的紅樓劇場與國父紀念館。這大概是台北市民日常使用頻率最高的路線；想看時髦人物進出，這條線路，絕對是觀察辣妹時尚風的最佳路段。

台灣的寺廟，登記有案的便多達三萬餘，密集度相當高，年代久遠的建

築藝術古蹟留存，是大陸閩南移民的最佳歷史見證。台北市內馳名海內外的寺廟，就有龍山寺、行天宮、指南宮、關渡宮與霞海城隍廟。

位於台北市廣州街211號的龍山寺，建於清乾隆三年，是泉州移民的史蹟見證，寺廟供奉的神明佛道不分，有觀音、媽祖，也有文昌與關公，甚至還有重視香火傳統老百姓最需要的註生娘娘；時至今日，將近三百年，仍是萬華地區居民集會的信仰中心，經常吸引海內外的遊客朝聖，大概是行天宮外，台北市香火最盛的古老寺廟，也是板南線西端最早啟用的捷運站。

行天宮，位於蘆洲線最北端，地址是民權東路109號，入口對著松江路，俗稱恩主公，主要神明為傳言愛管閒事的關公，善男信女進出不斷，是台北市最熱門的寺廟，傳說舉凡疑難雜症，都能解決。十字路口的地下道，仿如算命地下街，英日語都能通，而附近比鄰而居的腳底按摩店，大概是海內外遊客最常光顧的區域。

指南宮又名仙公廟，地址是萬壽路115號，大概是台北市唯一的道教廟宇，建於清光緒十七年，裡面的主人翁是呂洞賓。這座道教聖地，位於木柵線尾端的動物園站，還可以轉搭貓空纜車上山，沿途有茶場自耕農經營小店，喝茶吃野菜地閒步登山，是台北市民假日休閒的熱門區域。不過，傳言呂大仙喜歡調戲熱戀中的男女，又嗜愛拆散情人，而因此成為情侶的禁區。想要考驗戀情或心存陰謀的人，不妨一試。

關渡宮位於淡水河下游的隘口東岸，傳言是北台灣最古老的廟宇，與鹿港天后宮、北港朝天宮並稱台灣三大媽祖廟。因地利之便，到此看聞名遐邇的觀音山夕陽，順便遊賞關渡水鳥生態保護區，再到左岸喝杯咖啡，是不錯的假日餘興節目。

據說是情侶必訪的霞海城隍廟,是最懂得牽紅線的忠誠紅娘;坐落於台北古城的繁華地帶,從捷運淡水線的中山站或雙連站出來,往仍保存舊時代風光的迪化街步行十多分鐘,途經中藥舖、南北雜糧中盤商、綢緞莊,抵達迪化街一段61號的大稻埕城隍廟,每逢農曆五月十三日的城隍爺生日,都造成萬人空巷的祭祀盛況。而附近中山北路與南京東路、林森北路交錯的幾條通,更是燈紅酒綠的縱情聲色之所,嘴刁又口袋飽滿的夜貓子,都知道要去七條、八條通找好吃的。

台灣各廟宇坐落之處,都秉持著閩南遺風,廟口是滿足口腹之慾的家鄉小吃集中地,更是政治人物出沒拉票的重鎮,每逢選舉熱門時期,原本香火鼎盛之處,更是人山人海地水洩不通,什麼樣的官場現形記,都能在此完整呈現,不失為另類的觀光場景。

我自己住在捷運板南線的正中央,交通非常便利又鬧中取靜,趕時間搭捷運約會或看試片後,總喜歡步行回家;不論是往西到西門町逛電影街,或往東到敦化、信義商圈買書看時尚辣妹,還是往南去永康街、師大路與公館夜市找好茶嗜咖啡,都恰恰好是半小時左右的腳程,汗流浹背的巔峰點,到家冷水沖涼,醒個痛快。這座居住了四十多年的城市,其實並沒有想像中那樣大。

台北市幾個著名的生活商圈,除了永康街外,多半在捷運出口附近,許多人下班後便能就近解決溫飽,而洽談公務最熱門的下午茶咖啡館,更是一家家色彩繽紛地開張,因此,台北市民幾乎早出晚歸地,白日上班晚上泡夜店,在家裡蹲點休憩的時間非常短,常有人戲稱都市人家裡像客棧,只需要一張床即可打發。

台北市的捷運線仍在增加中,松江新生南路的蘆洲線剛完工,木柵線與

內湖線則連成了文湖線，信義線已動工多年，居民也早就司空見慣不受干擾。而目前啟用的文湖、淡水與板南線，其實足以涵蓋大部分市民的需求，大致解決了早期市區交通阻塞的問題。

然而，這三條捷運線啟用，對我來說，最妙不可言之處，是隱約促進了藝文活動的發想，各種沒落中的商業非商業演唱或演奏會、影展、藝術工藝展，再度紛紛復活了起來。又因為地利之便，捷運站附近的咖啡館與簡餐、便利商店和另類夜市般的地下街，以及相繼復活的百貨公司精品店，彷彿讓沉睡中的市民活動力醒覺過來；夜晚，更因捷運不斷延後的息燈時段，而讓台北市越夜越繁華起來。

板南線上的忠孝敦化站，大概是台北市民最熱門的站口，從這兒走出來便是吃喝玩樂日夜不歇的216巷，而介於忠孝東路四段與仁愛路四段之間的名人巷，又是另類的精品生活商圈；這個站口最著名的仍是首創24小時不打烊的敦南誠品書店，也因此在店門外行人道上，製造了揹包客的夜間攤販區，在此，經常可以蒐集到最到位的手工時尚潮流精品。

都市生活，儼然成為捷運路線的再造風貌，台北市生活商圈，也逐漸聲名遠播，而吸引了世界各地的識途老馬，在巷弄裡品味時尚半閒情。

忠孝復興黃金地段改建。

舊社區改建成新豪宅。

老茶商後代開設的咖啡館。

上｜茶館進出無白丁。
中｜書店是音樂與詩的台北交響樂。
下｜台北音樂人范宗沛的麵館。

重慶南路的文藝歲月

重慶南路,從火車站直通總統府的一條馬路,是台北書店最集中而多樣化的一條街,鼎盛時期,可能超過百家,街名幾乎就是書店街的代號,有如龐大的商業圖書館區,這裡找不到的中外圖書種類,其他地方更別想找到,重要的老牌出版社如三民書局、商務印書館、黎明文化等等都在這兒;因此圍繞著的周邊商家如小吃幾條街與各類考試補習班,也都在同一區塊裡,最大的原因,街對面,是公路局總站與台灣交通樞紐的台北火車站,附近通往各區域的公車站牌林立,想去哪兒都行。

幼年失怙,就讀華興育幼院八年的過程裡,最感謝創辦人蔣夫人的一點,就是五育並重的教育觀念,讓我們就學期間始終享受著吸收知識的樂趣,而沒有被考試制度綁架。

小學兩年與中學六年,在華興的歲月,不是泡圖書館,就是打球,籃球、排球、棒球、壘球、乒乓球、羽毛球、網球、足球……否則就是跳舞,民俗、方塊、華爾滋……而周末假日,如果不是畫畫寫生,就是去重慶南路搬文學。因為華興的老師們多半都有好幾把刷子,除了教科書,還有各種各類的文學癖好,各個不是在寫碩士就是博士論文,上自古文學到中外現代文學,下課了,可以討論的話題更多,為了趕上老師們的水平,怎能不經常往重慶南路跑?

重慶南路與武昌街口的明星咖啡館,唯一製造俄羅斯甜點的烘培坊,是台北市異國文化刺激藝文活動的代表作,走過六十年流金歲月,孕育了許多當代藝文圈人物,至今依然影響文壇甚鉅,如詩人周夢蝶、舞蹈家林懷民、名作家黃春明等等,更是蔣經國先生與夫人方良女士經常舉辦親友派對之處。

咖啡、茶、糕餅與書的結合,發源地,也恰恰是重慶南路烹調出來的獨

特書香氣，慢慢地，整座台北城，到處都有啃書本或掉書袋兼搞藝文表演講座的專屬咖啡或茶館，流動式的個人書房，也一家家地蔓延開來。

重慶南路的橫向街道，更是臥虎藏龍，早期曾經是台北盆地最繁華的商貿區，從西邊萬華到此，簡直是一本台北府城貿易發展史蹟，如今依然保留著幾座老建築，如明星咖啡館建築物的整排老式騎樓，可供一窺或憑弔當年的商務風華。

其實重慶南路有三段，而著名的書店街，從火車站前的忠孝西路一段開始，經過開封街（藥庄老街直通西門町更往西連接古稱艋舺的萬華）、漢口街（補習班小吃街）、武昌街（城中市場、城隍廟直通西門町電影街）、襄陽路（台灣博物館）、衡陽路（綢緞布莊老街）、寶慶路（二二八和平公園）到總統府前的凱達格蘭大道。

一般人知道的重慶南路，都屬於重慶南路的一段，接著就是經過北一女中往南走的二段了。即便是台北市民，也很少人知道有二三段的存在，跟出租車司機說重慶南路，直接就會往一段走。

也許，台北火車站前的館前路到重慶南路這一大片考試功能區域，從各種類補習班到考試用書出版品與書店的繁榮，皆因其交通便利之故，來自各區域的學子，不管是升級或出國留學或想當公務人員，這裡絕對是台北市民的必訪碼頭。

記得小時候的娛樂選擇不多，最大的期待，除了諾貝爾文學獎系列翻譯作品出爐，就是當紅作家出版品上市，每周去逛重慶南路，家家書店堆疊的，就是最暢銷的文學作品，想都不用想，直接買回家啃就對了，很少人會失望。那個年代的作家非常受人敬重，自己也很愛惜羽毛，寫作

異常嚴謹，幾乎都可以拿來當文學寫作範本，用字遣詞，可以用精雕細琢來比擬，就像平路形容自己寫作，如繡花一般字斟句酌，總要又修又改千百回，才敢拿出手。

030　這幾天，重慶南路來回走幾趟地拍照，越拍越失溫，濃郁文化風情的老舊書店，被一座座銀行大廈取代，否則就是貼滿榜單的考試用書店，往年那些期待文字養分的亢奮年華，早已逝去，似乎再也不會復活了，只剩下明星咖啡館的糕餅，仍依稀彷彿地提醒著，嘿！文學的浪漫歲月，我們的確存在過。

手拿相機，鼻子一直酸起來，幾滴濕潤，猶豫著，要不要滾落？

重慶南路上的武昌街仍保留著老式建築，一直走下去穿越中華路就是西門町的電影街。

到重慶南路果腹打牙祭絕對心滿意足。

經過六十年老店的明星咖啡就是城中市
場的入口。

重慶南路著名的城中市場雖風華不再，
卻依然有品質最好的水果攤。

左｜重慶南路到處看得到考試榜單。右｜重慶南路與武昌街口的城隍廟靈驗百年。

師大夜市學生餐飲異國風

與著名的永康街生活商圈相隔和平東路的師大夜市,顧名思義,正是台灣師範大學旁師大路延伸出來的廉價市集,主客戶自然是口袋拮据的學生,以及異鄉求學的各國留學生,因此而招攬了許多想打牙祭或者賺外快的外籍人士,為這一片校園生活區域製造了獨特的異國風情;恰恰與台大附近的公館夜市,隔著羅斯福路,逐漸蔓延成窮學生徒步瞎吃一片天。

三十年前,寒冷的冬日裡,學生們苦苦等候烤玉米的滋味,仍繚繞舌尖。攤販老伯細心料理每條玉米,仔細翻轉又翻轉直到玉米粒粒焦黃疏鬆,先刮淨焦黑部分,才均勻地刷上濃濃醬料,再重新加熱至綿密黏牙,早過了二十分鐘有餘,守候著那根玉米的人,齒頰早不聽使喚地唾液竄流。至今,這位瘦弱的老伯,仍堅守著不再熱門的小車,踽踽獨行於夜市巷弄的角落,依然不厭其煩地整理著一條條玉米……這樣的攤販,是師大夜市開始熱鬧前的主要場景。

師大夜市,是台灣兩大頂尖大學:台大與師大學生們流連約會的場所。

有別於其他台北夜市,較少外來觀光流動人口,主要消費族群,除了學生就是附近的居民與上班族。師大路夜市,剛開始是小吃攤販、滷味與麵食盛行,經過異國風情的加入,一家家風味獨具的小店,趕走了攤販們,而有了今天號稱咖啡一條街的榮景。

服飾、精品、咖啡館、酒吧與異國餐飲,以及各種價廉物美的生活用品店,好吃好玩又便利,錦上添花的市集逐漸蔓延開來。師大路小公園的夜晚,因人潮而吸引了許多街舞與路邊走唱表演,頗有招蜂引蝶之姿,而成為假日的獨特景觀。許多夜市多半只有周末熱鬧,而生活功能樣樣俱足的師大路,幾乎是夜夜笙歌,全年無休。

浦城街、龍泉街、雲和街、泰順街圍繞著師大路商圈，異國餐飲有美、法、義、德、日、韓、印、泰與南洋美食，中餐更是涵蓋台灣小吃、川味麵食、滇緬家常菜與廣東點心，而最受歡迎的卻是台北獨有的滷味，以及我百吃不厭的阿鑫麵線，遠勝於揚名四海的西門町阿宗麵線，因為胖胖的老闆阿鑫堅持用骨頭湯熬製湯頭，不加味精，而大腸乾淨爽脆無異味，又有自製蒜汁辣醬，吃再多都不會口渴難耐，是我走進師大夜市必訪的攤位，不論是飢是飽。

師大夜市有好幾條巷弄，都是一家挨著一家地，家家都有驚奇。數不清的咖啡店，便已各具風情，而最讓人趣味無窮的是位於泰順街44巷的Maryjane披薩店，口味多樣而專業，是我吃過少數亞洲人能做得好的披薩，甚且價錢普羅公道，更重要的是老闆娘年輕貌美身材絕佳，總不吝惜展示自己的小蠻腰與可愛的小肚臍，每次享受美味之餘，忍不住眼睛也要吃冰淇淋，跟著忙進忙出的老闆娘滴溜溜轉，真是額外的福利。

近年來，美食家韓良露提倡有機生活，又因熱愛師大夜市，而在師大路八十巷創立了舉辦各種美食饗宴的『南村落』，匯集各種愛好美食又有人文訴求的生活家，到此交換食物的熱情。古人以文會友，而今人以吃會友的精神主軸不變，只是改變了主旋律，算是一種有趣的生活文化發展。

大陣仗地吃喝玩樂，幾乎已成為台北人的生活重點，不論是吃還是喝，總要搞出一點道理來，似乎才能吃得理直氣壯。就連飯前一杯酒，飯後小茗茶，都必須細細地講究門道，誰執壺，誰掌灶火，就是誰家的一門功夫；別看那小小不起眼的一家店面，走進門去，戶戶有自己的規矩，雖笑臉迎人，依然得察言觀色，好說，才能有好的吃，否則沒您的座位，就難堪了。

師大路的重要特色之一，就是小而美，許多小店都是兩三張桌子便開張做買賣，完全無視於排隊長龍，也不講人情，先來先入座，有位置才能點菜。這些小細節，唯有生活其間的人，才能慢慢看出微妙，初來乍到，恐難進入狀況，好在這裡選擇多，也就不怕生人被欺，但要找出真正的美味，還得識途老馬指路，才不會入寶山而空手回，若隨便闖入而大嘆不過爾爾，便可惜了。

035

師大路夜市擴及到師範大學校園外的住宅社區生活。
左頁圖｜師大路咖啡簡餐酒吧，家家有自己的創業故事。

036

師大路附近每條巷子都被充分利用為生活商圈。

師大路夜市入口就有好幾家經營二、三十
年的小攤位。

師大路夜市最熱門的一條巷子,到了晚上人擠人
水洩不通。

富貴浮雲潮州街

隱藏在和平東路與金華街之間的平行線上,是台北人逐漸淡忘的一條繁華路,仍舊從路底的青田街穿越永康街、麗水街、金山南路,而不可思議地跨過羅斯福路與福州街連結著,窄小而狹長地,從密集的庭院深深深幾許的大戶豪宅,沒落頹敗後拆遷,又一戶戶地改建為時髦卻低調的高樓大廈,若非老住戶的提點,很難注意到這些嶄新大樓的存在。

印象所及,台北市幾家老招牌珠寶店與老字號的裁縫舖子,主要訂製客戶群,大半來自潮州街,也經常有上海幫的太太們與福州或潮州太太的PK場景,似水年華的綾羅綢緞,漂浮著旗袍的嫵媚光影,集體進出圍繞著中山堂的幾家劇院與歌廳,衣衫閃爍著花樣年華的蹤跡;那個年代,講究的並非碩大的幾克拉或寶石的成色與光澤,而是工匠師傅們手底下的真功夫,價值起落,瞬間漲跌;太太小姐們比來比去的,是哪家師傅的服務更精準,完全不在乎真正能保值的只有寶石的重量與品質,師傅們的功夫,一旦離開店門,就毫無價值,僅剩下賞識者的炫耀與品味罷了。

青田街是台北市大安區的頂級文人生活圈,被標榜為最適合人居住的一條街,少見的濃密花木扶疏與靜謐巷弄,加上位於步行距離的師大夜市與永康街公園夜市的中間地段,吸引了許多個性咖啡小館進駐,一家家地各自招搖起來,這便是潮州街的路底風光了。品茗老茶與咖啡,在這兒遠非奢侈,邁出幾小步,便能如願。

大隱隱於市,這說的,更像是集合古今繁華如浮雲的潮州街,既奢華又落寞地交融了半世紀,依然持續地起落著,你仍舊可以輕易地找出破敗的老木屋,安然擠在幾棟閃閃發亮的高樓之間,等待著主人何時返鄉回眸一笑的顧盼。據說,許多潮州街的住戶,七零年代前後紛紛移民海外,最近又有了回流的跡象。

你可以隱藏在潮州街上的任何一座高樓裡，卻隨時下樓，把玩逝去的時光所殘留的骨董店，從潮州街與永康街交界處的昭和町市場，開始遊逛歲月的痕跡，也許可以找回記憶中的光芒，甚至撿到價值不斐的收藏，卻是口袋裡的幾張鈔票能換取的獎賞。而附近依附的茶館與小畫廊的綽約人影晃動，也經常讓人忘記了時空的存在，而忽古又今地錯亂著。

轉進永康街，逛累了，可以去麗水街餵飽肚腹，大吃小食，台味洋風，隨你挑，再回到金華街或青田街交錯的巷弄裡，隨便找個有片樹蔭的咖啡館，好好地享受一下午後陽光灑落的搖曳，或月明星稀的細語，然後懶洋洋地起身，踏個幾步，便能打道回府，完全不需要浪費油錢，也不必擔心失竊的腳踏車。

如果想宴客，自己懶得動手，金山南路上絕對有大戶人家愛去的館子，依然門庭若市，再要不滿意，直接往羅斯福路走，生食熟食皆精品的南門市場也不遠，隨便打包幾樣，都能上檯面。而金山南路與信義路交界處的東門市場，更是處處驚奇的傳統家常市集，很難找不到熟悉的滋味。

說了這麼多包圍著潮州街的街道，各個都比潮州街名聲響亮，讓潮州街的存在像個小巷弄，無論是在路寬面積與實際人車流量，都很難讓人接受這是一條街，而且曾經是分量相當高的名人巷；只要看看附近的生活圈是如此地便利又雅緻，也能猜測出這裡都住了些什麼樣的人物。

慢慢地，這些台北小街道的復活，也感染了沉睡中的潮州街，不起眼地，一家接著一家，人文性質高的各種商家進駐，讓人頗有意外的期待，也許每隔個三兩天來探訪一回，都能有驚喜；就像是2008年8月起，相隔十年後重新造訪北京，發現了南鑼鼓巷的變化，幾乎每個月都

多出一些意外的元素，短短一年多，如今幾乎接近飽和的狀態，又快要追上后海的吵雜了，教人非常懷念那變化中的過程。

也許，潮州街當初把街道設計得如此窄小，是刻意低調地迴避走入喧囂繁華，而並非隨性的意外？引導我走進潮州街歲月的老住戶徐語喬説：「從小在這裡生長，至今，一直捨不得離開，看著這條街道的起落，閉上眼睛都能憶起童年玩伴的追逐光景，我想，我是無法離開這兒了……」我猜，潮州街不會追上南鑼鼓巷的腳步，她擁有自己獨特的大隱，永遠比任何的緩慢更慢，隨著時光的移動，卻延伸得更漫長。

潮州街上的昭和町。

潮州街的平房漸漸改建成豪宅。

左｜潮州街的新舊交疊。 中｜潮州街簡龍昇先生月文物工作室的童玩古趣。
右｜潮州街底的咖啡館。

上｜經營修繕骨董家具與燈具的老楊和徐語喬是多年好友。

下｜潮州街長大的徐語喬在永康街開的服裝店「巧織庭」，是許多女人逛街停歇的好地方，永遠有水果與茶和點心靜候。

大安區的老趣味—厚重而愉悦的懷舊氣息—

清朝乾隆年間稱大灣庄，而因道光年間的閩南移民改稱大安庄，往後日本衙門以及台灣政府的諸多官舍，也都設置在這號稱文教重心的區域；讓現今依然有老房子供人懷舊的小商家，逐漸醞釀成人氣溫馨的生活商圈，而潰散成一股濃濃的懷舊味。

通常，我喜歡在坐著捷運藍色線往東區信義商圈或往西區的西門町看完試片後，從忠孝新生站三號出口走出來，若非打道回府，便往北去四平街夜市逛逛順便再看一場電影，而更多地，是散步往南到信義路的巷弄似街道裡遊走，沿途跨越和平東路穿延到師大夜市，腳程快，也只需二三十分鐘。尤其是每回離台過久後，一下飛機，就是跑到金華街喝咖啡訪友，再去叨擾幾家茶行品茗新茶，或瞧瞧附近的設計師與飾品店有何新款可以讓我當免費模特兒，然後把躲在永康街公寓頂樓的畫家拉出門，到處挖好吃的。

這漫步似的把玩，其實，就只是一份寧靜淡薄的人情味，也是閩南人最重視的『搏感情』，沒有任何方向的目的性，卻無形中累積出一點牽掛。

也因此，這幾個區塊，若非圍繞著昭和町發展出來的古董藝廊，就是古色古香的茶館，否則便是吸引老外留駐的咖啡館，教人一有閒情，便流連忘返，隨時都能呼朋引伴，心滿意足地填充五官，小小的一片生活圈，硬是能讓人每回都有新發現，而欣喜不已。

視覺上，從南往北的和平、信義、仁愛與忠孝東路為橫線，而由西往東的羅斯福路、杭州南路、金山南路、新生南路、建國南路、敦化南路、光復南路與歪斜的基隆路為縱線，是方向感不太好的人，比較容易掌握大安區的主要幹道。其他較熱鬧的街道，反而路面不寬如小巷，是漫步

遊逛的最佳幅度，也因此造就了幾個熱門的夜市集，其實皆由生活小區演變而來。

至於正確的地理位置上，大安區的東邊以光復南路、基隆路、和平東路二段與信義區為界；南至福州山、蟾蜍山與文山區為界；西區則到新生南路、杭州南路、羅斯福路而緊鄰中正區；北邊以市民大道區隔，緊挨著中山區、松山區。

在面積十一點多平方公里裡，住著三十多萬人口，雖占據北市人口最多的行政區，卻擁有全國最高學府的台大、師大、台科大與北科大等九所大學本部或分院，以及九所高中、十二所初中和十四所小學，不論是質與量都堪稱全國最大的學區，因此也成為書店與生活商圈分布最廣的區域。而醫療設備則有著名的仁愛、國泰、宏恩、中山醫院與中心診所和台大醫院公館分院；這裡還有頗負盛名的清真寺、天主教聖家堂與基督教靈糧堂等許多信仰中心，和散佈在巷弄裡的地方信仰寺廟；重要地標則有郵政總局、台北市立圖書館與大安森林公園。

大安區最活躍的幾個地標，有經常舉辦戶外表演的大安森林公園、提供價廉物美商品的東區地下街以及通化街、延吉街、永康街、臨江街、師大路等著名夜市，而通化街旁的文昌街則是台北最古老又時尚的家具街；至於Sogo太平洋崇光百貨與遠企中心和緊鄰的東區與信義百貨商圈，都是大安區居民的活動空間。

大安區享有的台北捷運線，已完工的有棕色、藍色、綠色、橘色線，和預計於2012年完工的紅色線和2015年通車的黃色線，這幾乎已經涵蓋密布了整個區，而完全不需要仰賴公車地四通八達。

因此，大安區大概是全台灣唯一不受景氣影響，而房價直線上升；當然，一座座的豪宅，也就莫名地矗立在這原本佈滿稻田與學校的文教區裡，而牽引出許多新舊夾雜的趣味景象，懷舊與逐新的看似對立元素，卻在這兒翻新又翻新地激發各種想像，反更吸引了迥然異樣的年齡層，共同出現在原本不可能和諧的場景裡。

除了花木扶疏的仁愛路外，原本爺爺不愛姥姥不疼的青田、潮州、永康街等老舊官舍區，紛紛改建成更昂貴的富豪級大樓，恰恰是這些老舊新趣味招惹來的價值。古人說的風水輪流轉，在大安區這因緣際會的老趣味中，展現了最真實的畫面。

永康街巷弄裡的青康藏書房是最雅致的二手書店。
下圖│舒國治最喜歡去永康街75巷的青康藏書房落腳休憩。
左頁圖│免費喝茶的古董店。

左頁圖｜老楊的二手燈具店像幅油畫。
上圖｜我家的燈具都是在老楊的店裡撿破爛瞎湊成藝術品。

050

畫家董心如就住在古色古香的昭和町。

左｜大隱私廚是永康街必訪餐飲。 右｜小隱私廚老闆熱愛下廚。

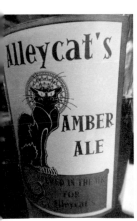

華山園區的巷貓披薩成假日熱門景點。

台北的南洋小鎮華新街

自從台北有了捷運（地鐵）之後，許多永遠不可能造訪的地區，紛紛被發現，一座小小的台北，竟然就是有如許多有趣的地方，且風貌迥異，處處發現驚喜，簡直像是每天暢遊新大陸般，半小時內，便走進一個新世界。

很多人漸漸地發現，也許外地人還比「原住民」更了解自己的居住環境，但我就是要把自己的家，當作是去國外旅行一樣來觀察，這種堅持，讓人發現原來還真是可以非常便宜地去旅遊；論好吃好玩，哪能比得上自家的左鄰右舍？尤其是這些隨時都在變化中的面貌，更平添了意想不到的樂趣。

華新街、緬甸街、雲南街到南洋街，說的都是同樣的一條街。從南勢角捷運站出來，往烘爐地（香火鼎盛的土地公廟）的方向走約五分鐘，就到了南洋美食街。撲鼻而來的東南亞香料味，令人食指大動，忍不住到處東張西望，恨不得肚子馬上增加十倍大，好難抉擇的折磨。

第一次去南勢角華新街，是前年曹又帶我會友，順便見識一下台北的南洋風情，才知道自己如此孤陋寡聞；品嘗完緬甸美食，再裝入印度燒餅與拉茶，怎麼也得投降了，卻怎知這條街才走了一半不到，看那一家挨著一家的美食，仿如望洋興嘆。再度造訪，是被乾女兒服裝設計師范儷馨拎著跑，年齡只有我的一半，見識不少，那嘴饞的德性，卻是跟我臭味相投，做飯給這種小孩吃，成就感最大，當然更是超級飯友啦！她的綽號叫飯粒，果然名副其實。

雲南、緬甸、印度、閩南移民南洋後的東南亞華僑味，在華新街充分發揮了獨有的香氣，就連消費價格，也錙銖必較地超便宜，每次買單，都會嚇一跳，好像耳背聽錯了似地，恍神三秒才知道如何掏錢。

一行四人，先在緬甸小店分食兩碗超大的湯麵與乾麵，老闆娘靦腆地頻頻詢問是否合口味，深怕我們投訴似地小心翼翼，不斷推薦桌上免費供應的酸辣佐料，雖然我們幾乎三兩口便清潔溜溜，味道十足濃郁，根本不需要再下重手；嘴裡忙碌仍看著隔壁的神奇烤爐，一個長相清秀英俊的大男孩，手腳俐落地攤餅送進撈出，再塗醬料切塊裝盤，我們當然不會放過，卻早已半飽，誰知道後面還沒完沒了……

華新街三十巷，是條菜市場區的街道，恰好位於南洋美食街的中間地帶，這裡可以買到非常價廉物美的生熟食，還有一般傳統市場都有的家常用品，以及女人與孩子的服裝飾品。當然，別處吃不到的家常美食，逛一圈就很難停嘴地，又吃了四五樣，這還只是早餐時光呢！

原本的計畫是少少地吃完幾樣小食，再隨處走走看看，消耗一點熱量，繼續完成期待已久的午餐，每道只要五十至百元不等的港式點心，一看做工就知異常美味，可惜，我們每個人都肚子鼓鼓地飽脹，在市場裡連續吃過鹹水雞翅、燻燒雞腿、碗粿，和不能不吃的涼拌青木瓜，誰也無法完成夢想，只能看著點心進進出出蒸籠，嘆口氣：改天再來！

我的錢包裡有兩千多元台幣，全部化光，並非都裝進了肚子裡。戰利品有一件給自己的黑色吉普賽麻紗褲，給乾女兒的搖曳長裙，一串七彩手鍊，還有七八包香料，和非買不可的新鮮小茴香與薄荷香草，幾雙五彩繽紛的筷子，以及平時少見的醃製醬菜。如果不是手沒力，又必須走路搭乘捷運回家，肯定會搬走更多的菜，新鮮又便宜，大概只有市區的三分之一價錢，看著心好癢。

把薄荷菜切碎抓鹽擠水後，當作番茄沙拉的調味料。先把小黃番茄切半，將剁成細末的芒果乾加入，一起用手擰爛，融入彼此的果香氣，再

調入洛神花果醬，攪拌均勻後灑上薄荷葉，放進冰箱約半小時後，就是飯粒説的：好吃得神魂飛天！要拿來當麵包塗料，捨不得就這麼吃掉。

至於小茴香，也是切碎抓鹽出水後，先放進冰箱保鮮維持翠綠。看看家裡有串剛熟的香蕉，就切片淋上紫蘇醬，再灑上小茴香末，以及神奇的淺烘焙咖啡粉末，那濃濃嗆鼻的氣味，簡直讓遲鈍的香蕉成仙人美味。

分別將幾包香料裝罐後，一瓶瓶放在廚房的置物架上，忽然有種幸福的滿足感，嘿嘿！最容易開心的方式，莫過於進廚房搗蛋。

南洋美食街的早晨老人居多。

左頁圖
上｜台北捷運南勢角站出來就已經看到人口眾多的壯觀。
下｜華新街已成為南洋觀光美食街。

南洋街蝦醬遠近馳名。

左｜華新街傳統市場巷子口泰國攤販小有名氣。
右｜台北的南洋小鎮印度烤餅。

傳統市場的熟食很到位。

傳統市場裡有家常美食。

上左│華新街的香料種類多。**上右**│華新街菜市場可以買到新鮮香料。
下左│非吃不可的泰式點心。**下右**│蔥燒餅有勁道。

臥虎藏龍的金華街

無論是從號稱學術大道的新生南路轉進,或從美食舊風華的金山南路切入,還是乾脆在更古老的杭州南路吃完傳統小吃後拐過來,金華街無論如何都是不起眼的一條小街道,最多就是走起來還算安靜舒服的小馬路,卻恰恰好將近來崛起的生活明星商圈永康街,硬砍成了兩面截然不同的畫面,靠近信義路的是熱鬧擁擠的正牌永康圈,而過了金華街,便只有識途老馬經常踏入的私密永康街;向左拐或向右走,立時表明了來者是主是客。

小小短短的金華街,從小學、中學到大學都是明星學校,金華中學還出過近代家喻戶曉的玉女明星林青霞;在永康街與麗水街的交界處,則分別住著吳伯雄主席,以及官場人人搶進的行政院院長官邸,可想見整條小街在半世紀前有多風光。

金華街上的政大城區分校讓整條街人文薈萃。

左頁圖 | 金華街位於麗水街口的行政院長官邸。

台北市的生活小區，恰恰是以人為主所發展出來的樣貌，一開始由生活便利性出發，漸漸地走出個體風格的引人姿態，而招攬了氣味相投的淘淘客。

金華街的兩端，是晨間運動的好去處，新生南路這頭是花木扶疏的大安森林公園，而經過青田、永康、麗水、金山南路到杭州南路後，便是整個上午都聽得到票戲聲聲繞耳的中正紀念堂，一路到底，也不過走上一刻鐘，中間還有兩座足供小家庭遊憩的小公園；臉不紅氣不喘地看盡風華，但委沿途吃吃喝喝下去，恐怕一整天也難過關斬將。

先說說一到吃飯時間便排長龍的廖家牛肉麵，幾樣隨處可見的家常小菜如豆干、豬耳、海帶、水煮花生與泡菜，主打清燉牛肉麵與肉燥乾麵，

簡單乾脆的菜單，卻能日日車水馬龍，傍晚不到六點便已高朋滿座，甚至吸引了許多遠洋而至的老饕們，百元台幣左右，人人吃得心滿意足，入嘴濃郁的湯頭，第一口便敲醒了等待已久的腸胃。

這一帶是早年官家進出的領域，家常小店比比皆是，多半早已步入老舊風華的記憶，獨獨廖家牛肉麵守著隨時被拆遷的破房子，照樣蜂蟻般熱鬧非凡。

在大安森林公園閒步深呼吸過後，穿越晨間異常寧靜的金華街，走進中正紀念堂聆聽老電影配樂般的嗓音，再轉回杭州南路口，燒餅、油條、豆漿與小籠包子等懷舊小點，足以打發轆轆飢腸，經過常讓人向隅的廖家牛肉麵已不遺憾，再徘徊幾家風姿綽約的咖啡館，早就神魂安寧，搶在上班族與學生就食前，到政大城區部正對面的鑫華茶餐廳大快朵頤一番，據說道地的港式簡餐撫慰了不少漂遊學子。

由於橫跨幾個大學區，金華街一帶自然也衍生出異國風情的餐飲，必須事先訂位的布查花園法式料理（http://0223959572.tw.tranews.com），以及斯里蘭卡人經營的咖哩屋，都是口碑不錯的好去處，小小的院落，是家族聚會散心的溫馨場所，一餐飯可以打發漫長的假日時光，悠閒地連結了彼此的情誼。

也許是左右被師大路夜市與永康街包抄的情勢，讓原本庭院深深的金華街，也不得不擺首弄姿起來，設計師服飾店、藝品店、骨董商行、飲品店、糕餅專賣店與中西式茶行，紛紛撩人，不急不徐的生意經，讓消費者樂不思蜀地漫步閒遊，一再拖沓地依依不捨，經常看見路過的人被櫥窗吸引，卻不知覺間與店家閒聊起來，乾脆坐下來品茗免費茶水，若運氣好，還能喝上一杯好咖啡。

甚至，這條街上的長期顧客，毫不客氣地進駐，自己開起店來，賴著不走啦！

好幾家服飾店，不論是進口的還是自創品牌，從打版、剪裁到縫製，無不悉心照料顧客的需要，將心比心地製作出賞心悅目又舒適的獨有風華，從傳統線條走到時尚精緻與嬉皮波西米亞風，任君隨意創造，這裡是集體共享創意的空間，誰又知道下一刻誰是主是客呢？

金華街156號，原本是門外漢學徒兩個月急就章的阮景正服裝工作室，十年下來，從五萬塊錢台幣資金創業，自己設計並打版多年，憑著服務精神，創立了自己的仕女服飾品牌，而有能力搬到麗水街上更具規模的舒適空間裡；接手舊有小矮房的范儷雖是專業服裝設計師出身，卻出道不過一年，一股熱血地衝進文化小商圈，得到前輩阮景正的鼓勵，以經驗法則來支撐創業維艱的種種難，這份文謅謅的溫暖，恰恰是金華街獨有的商業氣息。

左｜金華街幾乎每家小店門口都有自己的院落。**右**｜金華街有好幾家特色咖啡館。

061

金華街上有許多洋派小館。

左｜26歲的服裝設計師范儷乾脆在金華街上的店裡工作。

右｜李艾華在范儷服裝工作室。

金華街的法式餐廳生意興隆。

左｜金華街廖家牛肉麵吃飯時間車水馬龍。
右｜金華街巷子裡有印度咖哩屋。

多國文藝嫻雅風的麗水街

在和平東路與信義路之間，穿越不起眼的潮州街、金華街與愛國東路，慢悠悠地走完，也只要十分鐘，但若認真地看完，再要滿足一下饕客們的腸胃，恐怕得逛上好幾天，仍天天有新發現，這還只是麗水街上看得見的小店，若再加上巷弄裡家家挨著的低調商家，彷彿怎麼也走不完似的；淘寶要隨性，才能長長久久地有驚喜。

最有趣的現象是，許多台北市民大概都知道麗水街在哪兒，也知道附近有淡江大學與政治大學城區部，還有金華國中與國小，卻未必能明確地指出地理位置；隱藏得太自然，經常讓人視而不見，乃至於小小一條街擁擠了密密麻麻的有趣商店，卻怎麼也不像鬧市，只有識途老馬才會走到這兒玩賞。

這條小街上，有最地道的法式茶館與中國茶館，有英國人開的義大利披薩店，有大江南北傳統美食家開的各地小餐館，有遠近馳名頻頻得獎的老張牛肉麵店，有長年維持低調奢華的長春藤西餐廳，有許多異國風味的小店家，還有好多風姿綽約的時髦咖啡館，更有自創品牌的服裝設計師專賣店；而這裡不過是大安區最讓人羨慕的學區罷了，做的多半是公務人員與學生的生意，卻慢慢地醞釀出自己的文藝風情，而吸引了海外遊子。

從較寬闊的金華街搬到隱藏式的麗水街上，阮景正服裝設計師的工作室卻更寬敞明亮，彷彿躲進了一個讓人迷戀的潘朵拉寶盒，每天收納許多居家寶貝碗盤，讓訪客忍不住笑稱這裡越來越像咖啡館，經常有人拿各種咖啡豆來分享，就連我也忍不住做了號稱『亂放大王』的餅乾，帶去加入陣營，隨興吃喝之間，想穿什麼，就拿來玩一下，阮景正最常說的一句話，就是：「盡量玩，穿衣服不用錢，玩夠了再回家。」自己也愛玩的阮景正，還被邀請去玩別人的家，硬是做起了室內設計師，罵他

不務正業，他理直氣壯地說：「服裝設計也不是我的正業啊！」強調：
「只要是美的東西，都可以變成我的正業……」很少看到有男人公然承
認自己愛『美』，還說得如此自然。

躲在麗水街七巷裡的久翼咖啡館，經常讓我誤入歧途，汗流浹背地找
到，而大嘆：原來這就是遠在天邊近在眼前！雕塑家楊惇傑從紐約學成
返國，既無學術地位又尚未創造市場價值，突發奇想地邀約幾位藝術家
同好，一起張羅了居家生活型的展覽館，讓人在沒有壓力的舒適環境
下，欣賞實用型的藝術品。他說：「藝術創作不該是束諸高閣的收藏
品，而應該放在生活裡，隨處可見，才有存在的價值，這也是我們努力
的目標。」

而靠近金華街口的法國茶館（www.maussac.com.tw），從2002年經營至
今，一換到麗水街上，即便是非常靠近主幹道的金華街，都大大受
影響，生意一落千丈，一度讓林玲容債台高築，差點得了憂鬱症，但一
路堅守崗位執拗到底，也經營出左鄰右舍公認好品質的商店，一致評價
為周遭最有格調的茶館。林老闆仍認為自己不夠努力，沒有理直氣壯的
理想來支撐自己的堅持，卻表示：「當初想開一家沒有國界的茶館，只
要是好喝的茶，什麼產區不重要，國內國外的都歡迎，開放式地品嘗，
無拘無束，純粹地享受一壺好茶；至於用法國式的招牌，只是宣傳的行
銷噱頭罷了。」這不就是最棒的理想？而低調謙遜的林玲容仍表示做得
不夠好，但終於學會放過不完美的自己了。海內外千百種的好茶，隨君
挑選，外加美味可口的下午茶點，夠不夠好，就由有幸進門的饕客來決
定吧！

Alleycat's Pizza是熱愛義大利美食的英國老闆與台妹的最佳結晶，台菜
美味綁住了經常駕著帆船雲遊四海的英格蘭浪子，乾脆在麗水街做起披

薩酒吧生意，順便推廣藍調樂團，讓不願睡覺的四海遊子，有個閒聊品茗的好去處。沒想到，堅持原汁原味義大利的小店，連烤爐都講究原裝進口，而闖出好口碑，短短三兩年便開了近十家分店，堪稱老外在台生根的最佳成功案例。

也許麗水街最吸引人之處，莫過於那貌不驚人卻隱隱內含光的奇妙，沒興趣的，一溜煙地走過，無干無擾水過無痕；而願意留意的，便再也無法擺脫地流連忘返，且回回都有斬獲，無論你走過多少歲月，總能發現一絲齒頰留香的甜蜜回憶，甚至是意想不到的喜悅。

左｜麗水街上最熱門搶手的日式烤魚店。
中｜從金華街搬到麗水街的服裝設計師。
右｜麗水街有許多可供淘寶的小店家。

上｜麗水街上的耀紅茶館。
左｜麗水街靠近金華街口大來小館的台菜遠近馳名。
右｜麗水街最著名的大中華傳統美味是最佳年菜典範。

麗水街上的法國茶館。

左｜法國茶館是享受下午茶的好去處。
右｜海內外千百種好茶任君挑選的法式茶館。

小咖啡館在麗水街成為一道道的風景。

左｜麗水街上的台菜餐廳價廉物美。
右｜金華國小在麗水街上，附近有許多老牌經典小館子。

麗水街阮景正服裝工作室被暱稱為不務正業的咖啡館。

左｜阮景正收藏透光後的瓷器畫作。
中｜阮景正設計師除服裝外，還兼室內設計師並有玩物喪志的收藏癖好。
右｜阮景正的免費咖啡價值不斐。

馬來西亞僑生小蟲在台灣留成為台灣茶道專家。
下｜麗水街茶館裡人人有好幾把刷子。

新莊市廟區老街

好友莊子慧帶我參加台北縣婦女聯誼會，順便觀賞前縣長周錫瑋改造過後的新店碧潭河岸風光，位於捷運淡水線上另一端終點站，比照淡水老街的規模，以更新穎的姿態呈現，融合了東西方的新潮流輕鬆飲食方式，吸引年輕消費族群，果然開啟了假日休閒市場，而讓沉寂許久的碧潭河岸又活了過來。

小時候經常聽到有人去碧潭殉情，假日跟著父母到此郊遊，都會心存恐懼地自己編織鬼故事；後來聽住在碧潭小島上的畫家朋友說起親身經歷，原本該讓人驚悚的半夜鬼踢床，卻讓我在碧潭小船上大笑不已；似乎，跨越了想像的空間，反倒輕而易舉地拿掉了莫名奇妙的畏懼；即便真是有鬼，也不過是搗蛋鬼，根本無法拿人如何，除非人要配合演出；正像這位畫家朋友那樣，只要心中無鬼，大喝一聲別來煩我，繼續埋頭睡覺，幾天過後，也就雲淡風輕了。

一群婦女在碧潭邊享受下午茶，悠閒地討論社會公益與各項進行中的活動，前台北縣長周錫瑋夫婦到地讓粉絲們爭搶合影，便鬧了一小時有餘。坐在我對面的嫻雅女人，滔滔不絕地熱情邀約，才發現包圍著台北市的台北縣範疇是好幾倍大的古城區，分割成非常有特色的小市鎮，這位女士恰恰是新莊市長許炳崑夫人陳淑英女士，她對於傳統文化的維繫與現代社區生活的整合，擁有濃厚的深情，提到了新莊市幾座兩三百年的清朝寺廟建築，更是如數家珍，終於打中了我的要害，古蹟癖好被勾引出來，訂下了拜訪之約。

怎麼也想不到，搭乘藍線地鐵只需半小時甚至不需要換線的古城，積聚了豐厚的人文風情，卻從未造訪過；十分幸運地，第一趟旅程就讓市長夫人親自導覽，沿途從著名小吃開始遊逛到每座古寺廟，在極短的時間裡大開眼界；回到台北市區內跟朋友們提起新莊市古寺廟，人人詫異：

「現在台北還有這麼多的古寺啊？」有的，甚至仍保持著傳統祭典活動，幾座靠近古港口的寺廟，依然有人天天上門燒香，給神明請安，不論是家常瑣事或科舉應試，乃至於失竊或走失人畜，紛紛去寺廟求告，據說答謝牌匾與紅紙條都貼不完，十分有趣。

074

很難想像，這近在咫尺的市鎮，竟然有我打著燈籠找不到的樂趣，在新莊市長夫人引薦下，才發現住在新莊真幸福，古今交錯的生活文化，始終熱鬧地交融著，彷彿多多益善地海納百川，一如當年港口貿易的繁華榮景般灑脫豪邁，完全不介意外來文明的入侵。

新莊市曾經是淡水河港裝卸糧食貨物的交易期貨市集，至今仍保留著當年窄小的米市巷，以及商賈或苦力與船員們仰賴的傳統信仰。

新莊靠海維生的人都必需拜碼頭的慈祐宮，建於清朝乾隆年間，是許多人信奉的媽祖娘娘駐紮地，每年春秋兩次祭典，分別於農曆三月二十三日與九月初九舉行，仍完整地保留了傳統的祭祀儀式，是研究閩南民俗的最佳場所；地藏庵古稱大眾廟，因多次改建而失去原味，卻是新莊香火最旺的寺廟；老街上的武聖廟又稱關帝廟，建於乾隆二十五年，是稻米商賈重要的聚集地，也幾乎成為各方會所的兵家必爭之地，舉凡納稅等重要議會，都在此達成協議；文昌祠原本位於慈祐宮旁，嘉慶年間遷移至現址而成當地的義塾，承載了好幾代的教育傳承重任；廣福宮是老街上最能呈現客家建築的寺廟，在許多細節上可提供文獻考古之用，若能找到耆老導覽，將聽到許多有意思的歷史故事。

而小小的新莊市擁有數不清的公園提供市民休閒活動，還有著名的輔仁大學，相得益彰地注入了文化生活的氛圍，而經常有各種藝文活動發生著；再加上現任市長的推波助瀾，更讓市民凝聚了活潑的市容動能。

新莊慈祐宮百年老鼓。

長長的一條老街上，除了尋寶，就是一種古老的滋味，散發著濃濃的懷舊氣息，祭祀用的糕餅與家常傳統飲食工藝仍代代延襲著，甚至納入了教育體系中，而讓年輕的族群能浸淫在自己的家族歷史裡品味著屬於自己的文化；再訪老街時，新莊長大的市府文化局員工，周到地詳細導覽，彷彿進入一場時光倒流的影像裡，回味無窮地叫人徘徊。

只能說，台北人很幸運，還有這樣的一條老街，讓我們回顧歷史。

慈祐宮典藏骨董。

慈祐宮客家式建築。

新莊市廟街。

左、中｜新莊市老順香餅店。
右｜即將失傳的廟宇祭祀工藝。

上｜新莊聖武廟。
下｜新莊香火最旺的地藏庵。
左頁圖｜新莊市廟街。

西門町的三溫暖歲月

半世紀前的台北，幾乎是西門町的天下，所有公共交通工具的演變軌跡，都圍繞著這兒殺出重圍；從小河港船舶、窄巷弄三輪車到私家車與公共汽車，乃至於今天的火車與地鐵捷運，新舊交疊地翻飛了好幾輪，總也少不了西門町這塊九命怪貓般的商圈。

台北盆地的商業發跡史，早期沿著水路，從基隆港蔓延到緊鄰艋舺（萬華商貿風化區）的西門町，由貿易重鎮衍生出聲色浮華世界，至今仍能摸索出當年的繁榮景色；原本奄奄一息的電影街，又被幾度折騰後再回春，夜夜人潮不散，似乎又聚攏了那逝去已久的繁華歲月；翻修過後的武昌街，熱熱鬧鬧地餵養了周遭逐漸擴散出去的商圈，彷彿螞蟻蟑螂般，熱滾滾地追逐喧鬧，越炒越熱，食衣住行樣樣包辦，這裡有全台北最價廉物美的頂級享受，就連紅包場歌舞與夜店也不缺席，聲色犬馬地全員復甦，變本加厲地活過來。

小時候，媽媽在西門町開店，周末放學後從和平東路跳上公車，跋涉一小時才能到的路程，今天坐捷運只要十分鐘；西門町公車站下車，就是跨越半世紀的鴨肉扁，店門口有公共電話，我用一塊錢讓媽媽店裡的伙計來接我，穿過始終讓我迷路的熱鬧三條街，走到成都路上的今日百貨公司（已變成今日戲院），才能看到忙進忙出的媽媽招呼客人做頭髮修指甲。當年一點也不喜歡油膩膩的鴨肉扁，於今，卻每回去電影街看試片都要吃一碗米粉湯；隔了半世紀才知道，這家店賣的是鵝肉，根本沒有鴨肉。

在鴨肉扁越老越旺的舊樓裡，嗅聞著母親穿梭西門町的記憶。湯頭很甜美，蒜汁辣椒清香有勁兒卻不嗆人，鵝肉質感絕佳鮮美而遠近馳名；據說，許多人專程從國外回來打包帶走，口感嫩滑之外，似乎還隱藏著某種令人難忘的懷鄉滋味。

母親早年宴客的一條龍餃子館仍在，拆卸多年的中華路商場，改頭換面後，蕭條了十多年，莫名其妙地又在東區過度發展後，將熱潮傳回籠，越發地不可收拾，一掃陰霾地大放光明；死絕數十年的紅樓，也在幾度爭議過後，轉手修繕好幾春秋，才慢悠悠地回神，聚集了獨特藝術工作室族群，而吸引了許多外來揹包客。

由於西門町的均消費偏低，容易招攬低價位遊客，而讓開發商一座座地經營起商務旅館，越加地惹「火」了這復甦中的古老商圈。蕭條多年的風化影像，也瞬間灰飛煙滅地，自動洗刷了清白。

2007年林育賢導演的《六號出口》，恰恰是以被劃為行人徒步區後的西門町為據點，捷運藍色線西門町站的六號出口，成為許多人約會見面互相指認的小廣場，更是街頭藝人討飯糊口的兵家重鎮；就連許多知名影歌星，也逐漸以西門町做為簽唱會的重要首選；一場西門町首賣會，早已成為市場風向球，是絕對不能忽視的地盤。

似乎，這項當年爭議多時的「行人徒步區」，經過多年驗證，是絕對明智的重要決策。

好官難為，由此可見一斑，討好了這廂便得罪了那方，輕重取捨之間，最深思熟慮的考量，便牽涉了心中有誰的關鍵時刻。老百姓與商人之間的利益，終究是互惠還是彼此掠奪，好官的聰慧，便是致命的一擊。

昔日的大安森林公園被保留下來，黃大洲任市長期間功不可沒；由此重要的一役，看出今天沒有白打的仗，而讓台北大安區的居住環境的幸福指數大為晉升。

介於萬華與台北火車站之間的西門町，恰恰是市中心與城門外邊緣區的緩衝地段，也是許多公共交通工具的轉運站；只要是台北以外的遊客，沒有人不會來此拜碼頭，單單是走完這一圈，都是縱橫交錯的好幾條街，喜歡血拼的亞洲人，乾脆就住進商圈內價廉物美的商旅酒店，隨時殺進殺出地裝卸貨，買它幾大箱，恐怕也花不完口袋裡備好的鈔票，這裡是台北市碩果僅存的殺價天地，光是玩討價還價的戲碼都樂趣無窮。

身無分文，更適合去西門町。步行好幾條街，想買的都有，滿坑滿谷地應有盡有，幾趟路走下來，採購慾全消，啥也不想買了。這好比，一出現就脫光衣服的女人，再美麗也引不起任何的慾望，太赤裸了。

082

西門町六號出口是街頭藝人的
最佳舞台。
位於西門町捷運六號出口附近的紅樓是台北市
最早的劇院遺址。
左頁圖 | 西門町捷運六號出口是約會定點。

西門町紅樓的原住民工作室。

陳念萱去西門町紅樓的蜻蜓雅築搞創意。

西門町電影街入夜後人潮洶湧。

西門町地標性的鴨肉扁是最具台味十足的小餐館。

走過五十年的鴨肉扁隨時都能快速地上菜。

左｜西門町鴨肉扁賣的是鵝肉。
右｜我喜歡鴨肉扁的米粉旁有好吃的辣椒。

青田街的沉靜典雅

想懷舊老台北文化，青田街是保存原貌的最佳地段，位於台北市文化商圈的中心點，在住家地價最夯的大安區，有綠地最廣的大安森林公園為鄰，除了台大與師大兩座頂尖學府，還有許多明星級的中小學，是近年來許多父母擠破頭也要搶進的學區。

中學畢業時，曾經很幸運地住過位於青田街巷弄內長老教會的學生宿舍；每天清晨五點騎單車去公園學太極拳的日子裡，風雨無阻地享受了木房老官舍巷弄裡的優雅風情；小販們推著單車抑揚頓挫地唱賣著自己的小商品，彷彿商量好了，早有默契地彼此唱和："包子，饅頭……"另一頭接著唱："酒釀湯圓……"幾聲蟲叫鳥鳴過後："修理紗窗、磨菜刀……"還遠遠地拉著長音，隨著微風揚起的樹葉揮灑聲，自由而婉轉地飄盪著；那短暫的幾分鐘，讓人誤以為天籟降臨，假扮小民來賜福了。

青田街給我的第一印象，就是唾手可得的幸福！

學區與生活商圈的緩慢步調，夾帶著人文旋律的伴奏，在漫長的三十年歲月裡，竟然仍預留了懷舊的喘息遐想空間；蒼蒼老樹猶在，庭院深深依然如昔，即便是一座座的豪宅悄無聲息地進駐，也可能被周遭的沉靜感染，而沒有過分地張揚，優雅的形貌依舊維繫著。

慢慢地，從居家小販式的店面，也開始有了歐式的Café & Bistro，高價位的餐飲也如時代趨勢地紛紛開張；卻萬分幸運地，還有一半的老宅，可供人優閒地散步吟遊；走累了，隨便找一家小茶館或戶外咖啡座，便能舒服地歇歇腳，或者去骨董店淘寶，到二手書店與燈具店閒聊；再要有閒情，全年無休的師大夜市與人文薈萃的永康街，都在步行距離內，怎麼走都走不完的。

許多外國人到了台北便滯留不走，尤其是混跡大安區生活商圈的外鄉人，最大的理由是便利，此外，就是人情溫厚地友善。駕著帆船旅行全世界二十多年的英國佬馬克先生說："台北很方便又安全，還很自由，我在這裡做生意，只要不違法，誰也不會來騷擾我，不論走到哪兒，台灣人都很友善，非常舒服，我相信全世界找不到比台北更讓人自在的城市了……"馬克娶了台灣太太，還生了一個可愛的胖小子，整天抱著招搖過市，如寵物般的大玩偶，好不得意地遊街展示。

住在青田街裡，雖享受著古老的沉靜氣息，卻意外地擁有大台北地區最國際化的生活商圈，無論是德、法、義、日、俄、印、土耳其等等，樣樣俱全的商品與飲食，小巧而細緻地陳列著，不怕找不著，只要有心人，隨時隨地都能有小驚喜。

你可以拿出家中放置許久不用的殘破瓷器，或者早已過時的飾品，到附近的二手骨董家具店，請人幫忙重新打理成獨一無二的藝術品，創造再利用的生活用品；你也可以很懶惰地，直接闖入任何一個堆得亂七八糟的小店，花點時間，也許就挖到寶貝；你更可以不花一分錢地，每天散散步，四處瞎逛閒聊，隨時沾惹一點溫暖的人情，久而久之，醞釀出獨有的生活文化軌跡；於是，你再也不會做吃飯時看電視這種重複得讓人厭煩的蠢事了。

用點心思，會發現自己的左鄰右舍，就隱藏著各種各樣的奇情佚事；只要願意坐下來，眼前的任何人，都能成為可以借鏡或鑑賞的聖經。

走進青田街，恰恰是發生了這樣的奇蹟。

忽然發現，幸福並非遙不可及，這是生活裡早就點點滴滴累積的養分，

台北市的咖啡館散布在各生活社區裡,走歐風悠閒路線。

取之不盡用之不竭。

帶著歷史軌跡走過半世紀有餘的青田街,巷弄裡有文化博物館,以及等
著你去探索的傳統文化傳承脈絡,甚至還有大師級的人物在此出沒教
學;如果你認為自己不求長進,不需要這麼文藝兮兮,沒關係,這裡要
酒有酒要茶有茶,連酒莊都找得著,隨時能找到客人不走不打烊的小餐
館,陪你到凌晨也不是新鮮事,卻要看你有沒本事讓店家心甘情願奉陪
到底。

朋友們都說,再也找不著像青田街這麼悠閒又臥虎藏龍的地盤了。

Cozy咖啡館最早有無線網路是早期網路駭客的聚集地。

青田街地標蒙藏文化中心。

Part 2

閒散中的精緻咖啡

咖啡的滋味 —打掃腸胃說從頭—

許多人找我要保養偏方，包括不丹皇后，甚至有人要販賣我的專屬青春食譜，現在免費大公開，最便宜、簡單又享受的第一要訣：每天醒來飽飽地喝上一大杯熱騰騰的黑咖啡。

有人說喝咖啡對腸胃不好、容易心悸、骨質酥鬆、影響睡眠……等等，這些毛病，我老太太都有，相信我，停經十多年的過程裡，就連失去味覺這種恐怖的事情，也發生過好幾個月，很難想像那種重拾品嚐食物滋味的感激，是多麼地震撼人心。

經過醫學證實，我們日積月累沉澱在腸道上的垃圾所滋養的病菌，足以造成各種重大疾病，而咖啡具有打掃腸胃的功能，把髒東西清除，而讓人體更充分地吸收需要的養分。

最早接觸好咖啡，要感謝經營LavAzza老咖啡館的多年好友蔡幼菊以及她的事業夥伴David歐，對咖啡孜孜不倦的熱情，感染我重新認識咖啡的原滋原味。

咖啡中含有蛋白質、醣類、脂肪、水、纖維、維生素B2、菸鹼酸及礦物質鉀等營養成分。咖啡因可以加速脂肪分解，促進身體的新陳代謝，增加熱能消耗；能刺激交感神經，提高胃液分泌，幫助消化；有利尿功用，能抗自由基、抗氧化、抗憂鬱；可以使高密度膽固醇（HDL）增加，代謝不利於人體的膽固醇，以減少罹患動脈硬化的機率。咖啡所含的亞油酸，可溶解血液凝塊、增強血管收縮，避免血管擴張形成的頭痛。咖啡因會促進交感神經興奮，抑制副交感神經作用，可使氣喘病患避免因副交感神經興奮而發作。

根據我十年來日日喝咖啡的經驗，至少排便正常，不再有拉肚子或便秘

的痛苦；而選擇好咖啡的效果，就是不再有心悸或失眠的干擾。

但喝咖啡有幾樣必須注意的禁忌，首先不能喝過度烘焙的咖啡，因為通常都是品質最糟的咖啡豆才會重度烘焙，而經過長時間高溫處理的豆子，對人體不利的咖啡因才會大量釋放，而造成失眠、心悸甚至傷害腸胃的後遺症。此外，絕對不可經常喝三合一的沖泡飲料，因為被奶粉與糖精淹沒的咖啡粉，肯定是最糟糕的咖啡來源。而喝咖啡盡量不加奶加糖，因為這兩者都會沾黏腸壁，而無法達到清理打掃的效果。

我們每天積累在腸子裡的垃圾，徹底清除後，才吃進新鮮的美食，既能增加品嚐美味的敏銳，又能真正吸收到好養分，更能避免大量堆積垃圾食物而造成不健康的肥胖症。

好幾回，朋友們感冒咳嗽，我都建議大量飲用黑咖啡，經常很快就獲得改善，甚至頭痛症也跟著解除，因為咖啡有收攝氣管與促進循環的作用，又因為立即打掃清潔的效果，許多初發病症都能即時達到治療效果。

喝好咖啡的過程，非常享受，自己烘焙咖啡豆，也樂趣無窮，台北有許多雅痞，在家裡有自己的簡易小小烘焙室，定期少量製作，手磨豆子沖泡過濾，享受一杯香濃咖啡過程中，早已製造滿室撲鼻芬芳，而用過的咖啡渣，又是廚房廁所最好的清潔除臭劑，也可以拿來當作菸灰缸襯底，菸灰的惱人臭氣幾乎可以徹底掩蓋過去。

當然，住在台北最大的好處，就是除了每條巷子都有販賣現煮熱咖啡的便利商店外，講究點的各種連鎖咖啡店比比皆是，而各具特色的精緻咖啡館，駐紮分布在不同的社區裡，總數沒有千家也不下數百餘家，隨便

散步一小時的距離內，我就可以找出二十家以上讓人喝得嘆為觀止。

這絕非吹噓，因為在台北喝咖啡，就像在品酒，有時遇上自己找碴的老闆，非要鉅細靡遺地自我要求製作過程，還連帶強迫顧客，也得用盡心思慢慢品味他精心調製的咖啡；在台北開家咖啡館，幾乎是人人說得一口咖啡經，只要你有閒，他就有時間娓娓道來始終熱情不減的品味咖啡學。

多年前，僅止單純喜歡聞咖啡香而並不樂意喝咖啡的我，走進一家號稱台北最昂貴的咖啡店，我對老闆說：因為容易心悸，每天只能享受一杯咖啡，我選擇聞香而不在乎咖啡的味道，可以不喝。誰知，這話激怒了老闆，端來一整盤幾乎有二十多種咖啡豆，讓我自己挑選，奇妙地，我從中選出當中唯一符合我需要的咖啡豆，靠著我的狗鼻子。從此，我與這兇巴巴的老闆成為好朋友。

這就是在台北喝咖啡的樂趣，專心又隨性地，將品味融入健康的生活裡。

蔡幼菊經營義大利名牌咖啡LavAzza。
左頁圖｜LavAzza兩位老闆歐董與蔡總。

擁有庭院是咖啡館的招牌。

台北裝置藝術。（大安區克莉絲汀花店）

走過台北的咖啡史蹟 —家家有本咖啡經—

據說，早期台北喝咖啡的習氣，是從上海帶過來的洋派作風，下午茶與咖啡點心，多半是富貴人家才能享受的活動，因此，能有錢有閒地出入咖啡館，若非等閒，就是從事特種行業的人，其餘的，便是早期藝文圈赫赫有名的大人物。

最典型的，就是剛滿六十周歲，位於台北書店一條街重慶南路旁中心點的武昌街，對面就是城隍廟而緊挨著城中市場的明星咖啡館。當初跟著蔣家遷移到台北的白俄羅斯貴族開設這家附設糕餅店的咖啡館，以解鄉愁，後交由台灣徒弟簡錦錐先生接收經營，成為許多知名人物成長的歷史軌跡，也是蔣經國夫人方良女士解鄉愁的唯一據點，店中仍保留著俄羅斯傳統的咖啡與點心製作方式，甚至羅宋湯也是俄羅斯人都讚不絕口的家鄉味。

097

此外，台北盆地貿易繁榮地帶，即古稱艋舺的萬華區，也是如今的西門町，曾經起落落地經歷無數次似水年華的翻滾，現在成為青少年消費活動頻繁的電影街，各種個性服飾店一家家地蔓延，也漸漸吸引了外來的揹包客；而動輒跨越半世紀的咖啡館，依然維持著當年風景，就連古董般的皮製沙發都依舊光鮮。

明星咖啡館的招牌甜點俄羅斯軟糖與少女酥胸，是西洋傳統點心；成都路上的蜂大咖啡館，則有招牌的中式傳統點心，如杏仁、芝麻餅和著名的核桃酥等，製作工序永恆不變，因此忠誠的客戶，也依然保持熱情的擁戴，看點心的新鮮程度便能見端倪；而其他大部分的咖啡館，則流行法式蛋糕，是較受年輕族群歡迎的奶製品，較高檔的咖啡茶館，才可能出現英式下午茶的糕餅。

記得小時候，能喝上沖泡式的即溶咖啡，就已經很開心，後來慢慢地有

了較講究的蒸餾式煮咖啡，以及越來越複雜多樣的義大利與法國花式咖啡；誰也想不到，現在的台北，除了注重環境裝置的個人風格與異國風情，甚至連咖啡豆也要自己烘焙，精細到分大洋洲與海拔乃至有機與否，來決定豆子的分類與烘焙溫度時間，最後，才分析出要用哪種方式烹煮與調製，過程千變萬化，不亞於品酒或茗茶。

很難想像，在台北喝咖啡可以多幸福，除了滿街到處都喝得到35元台幣一杯的現煮咖啡，和便利商店供應的現買現煮花式咖啡，以及各大品牌讓人談公務上網的咖啡連鎖店外，每個社區裡，都有屬不清的個性咖

永康公園旁的永康階咖啡館是傳統茶館老闆經營的。

啡店，似乎，開一家咖啡店是許多人的夢想，而這也是最容易圓夢的方式，悠閒又優雅的生活，就是手上一本書，桌上一杯咖啡，空氣中有順應環境的好聽音樂，隨性又細緻的裝置藝術，或者，再與各種藝文活動連結，就是完美的人生啦！

隨便走進這樣一家繽紛多樣的小咖啡館，櫃檯上服務的老闆，都能說出一本咖啡經，讓人莞爾又瞠目結舌，試試看，就知趣味無窮。

跨越半世紀的蜂大咖啡館
一相依為命地守舊一

台北捷運西門町站六號出口，往紅樓方向旁的街道直走一分鐘，就是成都路42號的蜂大咖啡館，成立於1956年，剛剛跨越半世紀有餘，比我還大上兩歲，是遠近馳名的咖啡龍頭，這裡不僅僅是單純的餐飲店，舉凡咖啡材料與烹煮配備一應具全，幾乎是台灣地區經營咖啡館者皆必須拜訪的碼頭，在這裡不但可以搜索各種開店的必備供應，就連Know-how也能充分取得，這是老闆不吝惜分享，而擁有長期客戶的重要原因。

蜂大咖啡館最著名的景觀，便從每天上午八時開門起，直到夜間打烊，進進出出的多半是頗有年紀的顧客群，他們從年輕時進出電影院前後，便來這兒打尖約會，如今依然保持習慣，繼續定期至此話家常，接手經營的第二代曹世華先生便笑稱：「本想製造浪漫，放些古典音樂，誰知聊天聲音比音樂還響亮，音樂開得越大聲，客人說話的聲音就提高，最後只能放棄。」

西元1922年出生的蕭志光老闆，曾在香港經營點心餐飲，而將傳統港式烘焙技術帶到了海外，在台灣落地生根，早期並因緣際會地養蜂而成出口最大宗的蜜蜂大王，這也是蜂大咖啡館的名稱由來。因出口蜜蜂而遠遊四海，認識了咖啡並轉換軌道，在當年時髦昂貴的年代，成為咖啡豆進口專家。

為了推廣咖啡，蕭志光甚至到日本拜師學藝，同時也學會了專注與堅持的涵養。店裡面的招牌滴漏冰咖啡，也是蜂大的顯著景觀之一。蕭志光說：「我們的冰咖啡，不但要自己調配烘焙獨門咖啡豆，又因為低溫而需要更濃郁的口味，卻要顧及健康而不能熬出傷害人體的咖啡因，因此這種非常麻煩的滴漏式咖啡，便成為最好的選擇。」

台北蜂大咖啡館仍保有古典的浪漫。

上右｜台北蜂大咖啡館經常客滿。

一旁邊烘焙豆子邊嘗咖啡的曹世華，是蕭老闆三位公子中最小的兒子，原本是台北市交響樂團的首席音樂家之一，卻因父親年紀老邁而毅然決然地跳進咖啡圈，熟練地整理剛出爐的豆子，邊答覆是否覺委屈：「不會啊！我很喜歡，搭配咖啡豆就好像指揮交響樂團，必須要有中低高音各種樂器的搭配，才會好聽；綜合咖啡豆的原理也如此，要把酸、甘、苦、香等各種不同層次感覺的豆子混合在一起，才能產生嘴中多著跳躍的豐富口感，就像是演奏一曲交響樂，不能太單調⋯⋯」

看起來非常木訥而談起咖啡卻滔滔不絕的曹世華表示：「咖啡豆是農作物，很難拿到一成不變的品質，樂趣就在其中，如何在各式各樣的咖啡豆中，找出互相共鳴又互補的曲調，整頓出相同的氣味，這過程，是挑戰也是莫大的成就感，不亞於演奏交響樂。」

蜂大咖啡館門口的招牌式傳統糕餅，是僅此一家的老字號標籤，就連那一桶桶的展示方式，也是兒時的記憶，曹世華說：「因為我們家以前就是個什麼都供應的雜貨店啊！」難怪這第一印象就讓我想起『柑仔店』，閩南語的雜貨舖，是小孩子買糖果餅乾而大人買糖鹽醬醋茶的地方。

懷舊，在蜂大成為一曲追憶童年時光。

西門町守著半世紀咖啡館與老式點心
的曹老闆。

左｜蜂大咖啡館第二代老闆蕭世華是
職業音樂家。

左｜蜂大咖啡館著名的滴漏冰咖啡。**右**｜蜂大咖啡館是唯一堅持傳統糕餅的咖啡店。

1961年台北的明星咖啡館。
（圖片由簡靜惠提供）

一甲子年華的明星咖啡館

「妹妹，吃虧就是佔便宜。」
「爸爸，我們可不可以不要再佔別人便宜了，我們開始吃點虧吧！」始終堅持古老家風的簡錦錐先生笑了。

台北人喝咖啡的風氣，是從明星咖啡館開啟的社交生活。早年，由三兩滯留台灣的白俄羅斯貴族創設，簡錦錐先生誤打誤撞地入行接手，過程傳奇，卻為台北市留下了一曲異國風情調，竟也傳唱了一甲子；這條漫漫長路，若非吃苦耐勞的閩南家風，恐難堅持下去……

音樂、美食、咖啡與點心，跨越半世紀的古典時尚生活，明星咖啡館，是許多台北聲名遠播創作者的追憶似水年華。

簡靜惠說：「我還沒出生，就有明星咖啡館了，父母在這裡認識、結婚生了，六十年來風雨無阻，我這樣說不是開玩笑，他們兩真正做到風雨無阻；記得小時候經常遇上颱風，有回整個台北市淹大水，街上的水都快過膝，父母仍堅持去上班，我以為他們為了賺錢不要命，誰知媽媽趕

去自家麵包坊，緊急生產，划著小舟挨家挨戶送麵包去了。媽媽說，困難時期，更要替別人著想…… 從小，我們就知道賑災是理所當然的，雖然我們自己並非出生富貴……」

簡家，幾乎都在咖啡館內生活，簡靜惠在襁褓中，就被放置在烘培室的冰箱上，幸好簡家孩子都很乖巧，沒有給忙碌的父母增添任何負擔，自己乖乖吃了睡，鮮少哭鬧。不愛咖啡館老舊設施的簡靜惠說：「小時候不能理解父母對明星的情感，總覺得這門生意做得夠久了，若不收掉退休，也該重新改造，順應潮流，才是正常的生意經……」沒想到，父母的答覆竟然是：「沒有明星，我們怎麼繼續活下去？」不允許兒女更動任何裝潢，老沙發桌椅都必須維持原狀，更別提經營數十年的俄羅斯甜點了。

由於明星咖啡館當年進出的客人群，除了蔣經國先生與夫人方良女士有俄羅斯鄉情交誼，而經常到此訪友或參加私人派對；其餘，多半是中上階層的知識分子，往來無白丁，甚至紛紛成為藝文圈名人如林懷民、黃春明等，當年都是霸佔座位一整天的常客，讓簡家子女的成長氛圍沾染了如許的文藝氣息。「我們做的是小生意，卻從許多人身上學到難得的知識與智慧……」

十八歲離家赴美就學後結婚生子，去國三十年後返台三年間，簡靜惠看著一成不變的明星咖啡館，走過一甲子，依然讓父母不論風雨不管病痛地天天上班，她眼眶濕潤泛紅地表示：「我開始一點一點地珍惜這一切，包括父母從小給我最好的，我們並非富裕之家，堅持讓我接受雙語教育，上午去美國學校，下午學中文，過程痛苦，卻非常受用，我自己生養孩子後，更理解做父母的難處，我就做不到孩子喊苦時仍堅持該有的教育，現在長子即將大學畢業，懊悔沒有中文基礎，想學卻已經太遲

了……」

簡靜惠非常佩服母親，不管自己身心是否舒適，永遠光鮮亮麗地出門去工作，父親總告誡子女：「遇事勇於面對，不逃避」，而且以身作則，她很感謝自己有這麼好的父母：「我們家走過許多不為人知的風風雨雨，耳濡目染父母的做人原則，勇於擔當任何迎面而來的困境，從不喊苦，凡事為人著想，這不是三言兩語能夠說清楚的……」

出生即被各大醫院判死刑的簡家第三代小外孫李柏毅，屆滿二十歲之際，獲得一連串的國際繪畫大獎後，又在2010年榮獲溫哥華全球最資優天才畫家大獎。簡靜惠回憶這段艱辛過程，非常感謝父母始終疼愛天生嚴重自閉症的外孫，總是真誠地鼓勵，從未有任何負面的念頭；這對於么兒十八個月就失去眼神聚焦，七歲才懂得吐出一個個不成句的單字，還要承受許多額外的詢問與怪異的眼神，父母無私的寬慰，是簡靜惠最大的支撐。

簡靜惠發現李柏毅比自己敬佩的父親更活在當下，對於發生過的經驗都歷歷在目，卻對未來毫無感覺，巴黎記者問他明年是否願意再來巴黎開畫展，他答覆：「我已經在巴黎啦！」不禁讓人哈哈大笑，她從兒子身上學到許多書本上無法認識的人生哲理，甚至也因為兒子多次獲得無上殊榮，參觀了非尋常百姓能造訪的專業藝術領域，這都是歷盡千辛萬苦而從未預期的收穫。淚中含笑地走過這一切艱辛，簡靜惠很難表述，這是否是上帝在跟她開玩笑？

當有人問簡靜惠：「妳兒自閉症，會不會讓妳很沮喪？」她啼笑皆非地無法答覆，卻很想大聲地說：「我當然走過許多的辛苦，卻也因此得到許多想像不到的VIP禮遇……」這些經歷很難找到能夠理解的人分享，

不過她選擇用光明面去看事情：「我要永遠跟兒子在一起，好好享受人生，唯一擔心的是我若先走，誰來照顧他……」繪畫作品已被許多世界級的藝術領域收藏，是專業藝術家們非常羨慕的成就，李柏毅對金錢的不在意，出門容易遭人欺負，而無法真正自立，讓媽媽非常擔憂，而開始慢慢訓練他自己去便利商店採購，點點滴滴的心酸，難以為外人道，甚至讓溫文柔弱的簡靜惠，必須出面喝斥詐欺兒子的小店服務生。

簡靜惠從父母身上學會『美名勝過大財』、『施比受更有福』、『吃虧就是占便宜』這些傳統價值觀，她說：「我能夠時刻珍惜所有並感謝一切，真的是受之於父母的機會教育。前幾天有位朋友送我肉鬆，父親就想起小時候同學的午餐便當裡有肉鬆、雞蛋與排骨，而自己的竹籠飯盒則裝著空蕩蕩的米飯與豆腐乳，經常晃到學校便餿掉了。我趕緊跟年邁的父親說，這盒肉鬆都給您，彌補一下。」雖然是甜蜜的撒嬌，卻也讓她越加地珍惜所有並疼愛別人的難處。簡靜惠一再表示：「回到台灣，在父母身上學習到的，比自己在美國多年校園裡學會的更多……」

李柏毅能夠從醫生的死亡名單裡活過來，十歲進入加州藝術學院天才藝術專修班，就學九年，十五歲獲得繪畫天才兒童國際認證殊榮…… 外公外婆始終如一地以光明快樂的心情看待，他笑，外公外婆很開心，他偶有粗魯調皮行為，他們竟然立即回應說他很cute（可愛）；這種永遠正面的態度，讓做女兒的簡靜惠受益無窮。

明星咖啡館創辦人簡錦錐先生說自己的人生哲學是：「有事不怕事，沒事不惹事。」他徵招員工的條件：「必須對工作有興趣，認真、專心又有禮貌，客戶永遠是對的，還必須有點潔癖地講究衛生……」創業初期經常自己動手打掃廁所的簡先生說：「其實應徵員工進門，看他走路的姿態與速度，就知一二，多半訓練個一星期便能上工，但要理解這門生

意的竅門,絕對需要二十年以上的功夫……」

明星咖啡館的俄羅斯咖啡,是用整顆蛋連殼打碎後與咖啡豆一起熬煮十多分鐘,據說能治療胃病,有非常細緻的滑順感,卻很少人發現這之中的門道。

遠近馳名的羅宋湯,定價昂貴,幾乎是西餐廳主菜的價位,簡先生不無堅持地表示,經過許多俄羅斯人的鑑定,這是道地的家鄉味,嚐過的人絕不懊悔。這道俄羅斯家鄉味,是用靠近牛尾部位肥嫩多汁的肉,與甜菜根、洋蔥、芹菜、高麗菜、胡蘿蔔、蕃茄等蔬菜一起,熬煮六小時而成,入口清甜濃郁卻不黏稠油膩,整碗下肚舒暢無比而毫無飽脹困擾。

年近八十歲卻活力充沛的簡先生說,以往都不敢公開論道客人,但走過六十年歲月的咖啡館生活,發現做生意真有許多小節必須注意,譬如:「以往經常有立委或國大代表來這裡喝咖啡,我都告誡員工必須倒滿一整杯端出去,還要練就不能灑出來的功夫,否則會被拍桌子叫罵;但若遇上日本客人,反而不能裝滿,他們會認為這是羞辱;如果是做生意的上海人,就只要正常的七八分滿即可,不需要小心翼翼;察言觀色,絕對是非常必要的服務精神……」

明星糕餅,有絕對獨門的俄羅斯軟糖,配方來自滯留台灣的白俄羅斯貴族,用打泡蛋白與核桃製作,過程有許多傳統技巧,若非親眼目睹,很難按照配方工序做出同樣的口感。而原名少女酥胸的Lady Finger(淑女手指),則因為當年保守的社會風氣而改名,其實胖胖嫩黃而入口綿軟的小蛋糕,少女酥胸,更名副其實;製作方式是將蛋白、白糖一起打成泡沫再加入蛋黃與少許低筋麵粉續打黏稠,擠出需要的形狀,送進200℃的烤箱約二十分鐘即可。

簡爸爸又贈送俄羅斯肉桂餅乾配方，如果是自家點心，用兩杯的棉子油（因脂肪低又無味而容易處理）、等份量的低筋麵粉（約一磅重）與等份量兩杯或怕甜可減量的白糖，四顆蛋、四盎司或者六湯匙桂皮粉、蘇打粉與少許鹽，揉成長條狀切塊後滾圓，用180℃烤十分鐘左右，另外製作糖霜淋上即可。糖霜的製作，是用兩磅的白糖煮至108℃完全融化，再冷卻至40℃，打成白泡淋上烤好的餅乾，等冷卻凝結即可。

在簡爸爸一點點透露獨門食譜的過程中，小外孫李柏毅在一旁開心地邊哼唱邊為我畫像，他快速地用鉛筆描繪完成，嘴裡邊說：「Alice is very happy, she is a happy person……」他說愛麗絲很快樂，然後拿出許多彩筆，用令人意想不到的大膽色彩，創作出像是愛麗絲卻又風格獨具的畫面，上面標示『E-King』，我問他這是誰，他說：「就是愛麗絲！」

這不得不讓我驚嘆李柏毅的想像世界，能如此鑽得深，難以言喻。

第一次看見李柏毅的作品，無法相信這出自十多歲的孩子，更何況還有天生的學習障礙，許多藝術系的教授，都不得不承認李柏毅的繪畫本事與生俱來，沒有任何人能夠教出如此成果，但若非父母親人飽滿的疼愛與照顧，也很難讓如此敏感纖細的靈魂流暢地表達自己，再加上專業藝術學院的認同與長期培養，李柏毅的作品，就像花開結果般，受到國際間的矚目，儼然有超越畢卡索的架勢。

明星咖啡館的世界，是台北市文化圈的歷史見證，如今似成風華散去的故居，情懷依舊，卻不見故人蹤跡，幸而有隔代傳人綻放異彩，未來的明星咖啡館，將展開藝術品展覽與系列文化講座和藝術表演的欣賞，讓市民重溫舊夢，捕捉台北生活文化獨有的似水年華。

明星咖啡館是台北最早製作西式糕點的麵包房。

只有手煮才能產生柔順的咖啡口感。

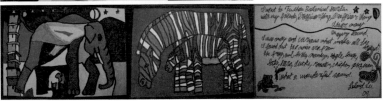

明星咖啡館第二、三代靈魂人物。

左｜李柏毅的大象母子。**中**｜李柏毅最愛馬與親情的流露。**右**｜李柏毅親筆卡片。

明星咖啡館招牌咖啡。

明星咖啡館招牌俄羅斯軟糖。

李柏毅與林正盛導演。

就是不一樣的女巫店
—語不驚人死不休—

位於台大側門邊的女巫房（www.witchhouse.org），複合式藝文咖啡館，地址是新生南路三段56巷7號，樓上是藝文圈著名的女書店，為爭取性別權益的宣稱，樓上樓下一氣呵成，沒想到，這也只是奇妙的巧合，不過是兩位好友恰巧的發想而已，便做了雙胞胎式的鄰居。

111

負面形象的女巫，卻變成時尚的高帽子，這恐怕是好幾世紀以前巫師們難以想像的際遇，早期的科學家們，尤其是發現地球是圓而非方的哥白尼，以及支持者伽利略；所有被認為違反聖經神造世界論的科學根據，都被當作是巫術，而遭到嚴懲，任何知識的發現與發明，來自人而非唯一的上帝，就會受到懲罰；因為教廷認為若非是上帝的指令，就必然是魔鬼的誘惑。於是，魔鬼的誘惑，成為極端聰明人類的標籤，如小提琴天才帕格尼尼，就被認定是跟魔鬼打交道的結果，人類無法相信自己是可以這樣自然有天分的。終於，二十世紀的陽光（塔羅牌的19是太陽）普照大地，知識屬於全人類，聰慧的人抬頭，是非黑白善惡的界線與藩籬被打破，誘惑，變成美麗的宣言。

慧黠伶俐而黑白不分地難以捉摸，令人又愛又恨的致命吸引力，被吸引卻又害怕上癮症，弱者的抵擋方式，就是無所不用其極的暴力反擊。在無知的牽引下，恐懼，成為打擊神明與魔鬼的力氣。要擺脫傷人傷己的恐懼，唯有發現真相一途，所謂的不入虎穴焉得虎子，也許，跨越的恰恰是自己想像的魔鬼幻境。

我沒期望這裡的餐飲會好吃，拿到菜單時的啼笑皆非，更讓人放棄這種念頭，但女巫的本色恰恰如此，一如女巫店宣稱的點餐指南：名稱越噁心 越好吃，名稱越下流 越好喝，名稱越淫蕩猥褻 越受歡迎。調皮，本來就是女巫本色，沒有是非善惡的負擔，沒有道貌岸然的包袱，吃到好吃的，理所當然。因此，當入嘴的小辣妹如此歡愉舒坦地在舌尖繚繞，我一點也不驚訝，而奇異果毫不神奇地清理著喉管，我也不意外；好得到味入骨，應該的，誰讓她宣告自己是女巫呢！

許多台北檯面上下的自由歌手，尤其是特有個性的多半發跡於此，每周末三天夜晚，歡唱四小時，通常九點半開始，七點就有人排隊，一直展延到巷弄外，不接受預約也不許刷卡，三百元台幣聽歌含飲料。其它的周間，也有花樣百出的活動，當然，女巫店也肯定有塔羅時間，滿足各樣的神祕情意結。但我最滿意的，還是菜單的豐富與自信，彷彿要吃什麼都能立即達到目的，果腹完全不成問題，尤其是有行字是給素食者，宣告你敢要求她就做得出，嘿嘿！我得選個黃道吉日去踢館。

112

女巫房的吧檯經常出人意表。

上左｜女巫房的入口都是藝文資訊。上右｜女巫房也提供各種妙妙玩具。

女巫房的空間非常大適合小型演唱會。
下｜女巫房的椅背裝飾品已經警告人菜
單能多驚豔。

女書店能買到少量生產的手工書。

下左｜女巫房的窗景。 下右｜女巫房的窗邊雅座。

三葉蟲咖啡館 Trilobite Café
一只有Espresso或隨之演變的Café au lait一

我經常在腦子不靈光時，走出大門右轉橫越新生南路，窩進麥當勞隔壁的小咖啡座，空間很怪異時髦，老闆操作咖啡機的模式很義大利，忙碌一陣後，總會走到門口長廊上的木椅，點根菸傻坐一會兒，或者總有三兩過客也陪坐聊天，順便一起吞吐煙雲，說說咖啡業者風雲和未來願景。

家裡剛好有熟透的香蕉，以及好不容易遇上的新鮮小茴香葉；香蕉切片後淋上新鮮橘子果汁與紫蘇醬，再灑上小茴香細末，攪拌好拿到店裡，恰恰看見老闆有新進的淺烘焙咖啡豆，見獵心喜也要來一些粉末灑上，便成極品美味，贈與店家享用。味道很經典，也是臨時起意的發明，有種提味後的活潑甜膩，喜感十足。

三葉蟲大概是僅次於恐龍的知名絕種化石動物，最晚可追溯至2.5億年前，在台北大概用兩千元台幣左右，可以買到一塊長得很像咖啡豆的三葉蟲化石，數量眾多，隨時可以找得到。

阿慶選擇三葉蟲做為創業名稱，一方面是自己的收集癖好，二方面，剛好咖啡館內的主題銷售品有三項，咖啡、雪茄與威士忌，這幾乎是雅痞夜店的標的物，也因此吸引了許多政商界名人聚集，三樓就是為特殊集會預留的私密空間，讓傷腦筋的族群可以在專心品茗後，擠出一點有見地的創意來。

本名張維正的阿慶，本業是視覺廣告兼職室內設計，從未拜師學藝，純粹喜歡品茗研究咖啡，不斷追蹤原料以及各種烘焙師的技藝後，決定採納各家所長，一口氣在店裡裝上十二台義式磨豆機，每位烘焙師都有專屬的機器，維持近乎絕對值的氣味。我問他：「咖啡豆是農產品，每

年的豆子都不同，幾乎不可能維持一模一樣的品質，這是很大的考驗耶！」阿慶的回答也很妙：「這就是我佩服這群烘焙師的地方，他們總能按照我的需求，做出非常接近的口味，當然會有一點點差距，但這也是有趣的地方啊！我只要略加說明即可，若有顧客發現差異，我就告訴他們，全世界能維持單一口味的只有星巴克，若要一樣的味道，請到那裏去喝咖啡……」哈！真讓人絕倒。

這裡沒有單品咖啡，阿慶說：「最接近單品的也有三種咖啡豆，」我忽然心有靈犀地問：「很多單品其實也有綜合咖啡豆結構的嫌疑，若非做適當的調配，很難維持品質，我猜純粹的單品不多。」阿慶賊賊地微笑：「不予置評，反正我這兒只有Espresso，要喝美式，便加熱水，想喝拿鐵或歐蕾，用熱牛奶調味，要喝冰咖啡就用冰塊，一律Espresso，沒有別的東西；我的責任是找到好的烘焙師，提供品質絕佳的咖啡，其餘的，非我擅長，絕不涉入。」

可以想像在這樣的堅持下，店裡面提供的簡餐與甜點，亦風味絕佳，這便是有所堅持的風格吧！

三葉蟲與咖啡豆超級像。

三葉蟲有死、活兩種化石。

三葉蟲咖啡館著重做咖啡細節。

念菁做的水果沙拉。**下**｜三葉蟲咖啡館有設計師的收藏癖。

左頁圖｜三葉蟲咖啡館主人是林青霞迷。

必須品嘗的George House Café
一王于睿的咖啡門道一

自稱是宜蘭鄉野小民的王于睿，在熟客眼中是個玩物喪志的咖啡迷，挑眉挑眼的程度，直比晚清豪門紈絝子弟票戲的敗家聲勢，只是George玩成了一門事業，而後者只能暗暗啞啞地潦倒後半生。

位於金華街接近永康商圈的George House咖啡館，是座兩層樓高的小公寓，面對著大小適中的金華公園，家有幼兒的，可把孩子放到溜滑梯或鞦韆上玩耍，拿份報紙在咖啡館門口的座位上品茗，甚至解解菸癮，用眼角餘光，便能放任孩子們自由自在地衝進綠意盎然中奔跑。

我最喜歡霸占的位置，是樓上沙發區的單人沙發，把兩條遊逛永康街後極度痠痛的腿，懶洋洋地掛上椅把，對著大片玻璃窗外的滿滿綠意發呆，舒暢極了。

George House的書卷氣，來自於簡約的裝置，乍看之下，色調雅致如設計師的雅痞氛圍，但若坐下來細瞧，才發現桌椅皆拼湊成軍，甚至許多沙發套早已破舊待修，卻儼然自成一種慵懶的藝文調調，無時無刻都能安逸的溫馨。當然，擅於選擇古典音樂的咖啡館主人，也讓旋律搭配了環境的情調，而教人深深地陷進沙發裡，無法自拔離席。

George最喜歡跟客人強調：「一杯好咖啡，要慢慢地喝，至少得喝上兩小時以上，一口口地在嘴裡面擴散咖啡豆獨有的果香氣，才叫做喝咖啡，如果要牛飲，千萬別來糟蹋我的好咖啡……」下意識地，我拿起色彩經典的英式咖啡杯，一飲而盡；George瞄了我一眼，繼續他的咖啡一本經：「咖啡放著一口口地品茗，像喝紅酒那樣，不同的時段，會產生不同的變化，而好咖啡在每個溫度裡都會有全然不一樣的口感，一直要

喝到完全冷卻，才能判斷這款咖啡達到的等級……」我又拿起裝在小酒杯裡的咖啡，透過光來查看色澤，George才滿意地微笑：「我們家咖啡的顏色很漂亮吧！」被我一口喝光的咖啡杯乾透後，用兩手捧到鼻子前深呼吸，彷彿嗑藥般猛烈地吸收那泛出焦糖味的香氣，遞給George：「這才是我喝咖啡最大的享受，好咖啡沾到杯子裡的殘餘水漬，最能明確地展現水果的濃郁氣味，連果糖味都完整呈現。這還要你的烘焙功力高，才不會破壞原本的果香氣。」George終於開心地笑了。

台北開咖啡館的人，都有一種共同的氣質，就是『以己為榮』。每個人說自己的事業，好像在說著剛出生的寶貝那樣，疼愛得骨頭都疼起來，鉅細靡遺地檢視著自己分分秒秒的觀察；從引進生豆，到烘焙技術的調整過程，乃至於沖泡咖啡的技巧，各自有獨門的哲學，不容許冒犯。

如果對George House好奇，上門前須知，這家咖啡館沒有提供奶與糖，只賣黑咖啡，為了維持這座咖啡店的氣味，不容許有食物的味道，因此也不賣糕餅零食。嘿嘿！帶種！人家照樣經營了快二十年。

www.georgehousefinecoffee.com

金華街上講究咖啡豆烘焙品質的連鎖咖啡店。

George House咖啡館有世界各國的咖啡豆。

George House Café可以非常隨性。

右｜好咖啡的色澤如紅酒般通透。

125

左｜訓練嗅覺與味覺的咖啡之道。　中｜George House 咖啡館店長功夫強。
右｜咖啡館裡還可以寄放自己專屬的咖啡杯。

為藝術家築巢的楊惇傑 —久翼咖啡館—

從懶人早午餐的Brunch到小資情調的下午茶，以及上班族的午晚簡餐，甚至夜色襲人後的酒吧，Joy Café幾乎是少數全包攬的咖啡館，卻更讓人想不到地，經營者楊惇傑是紐約科班藝術家返國，整合了藝文圈志同道合者，順便張羅了小規模的各色展覽，麻雀雖小而五臟俱全地，同時有好多位藝術家的駐館展覽品，讓人目不暇給地一邊品茗一邊享受這五光十色的藝術空間。

1978年10月11日出生的楊惇傑，從平面設計到雕塑，在紐約就學期間，吸收了多媒材文化創作的氛圍感染，把藝術創意融入到人性化的實用價值裡，從藝術欣賞轉換到生活的應用設計，開一家溫馨而供人休憩的咖啡館，似乎更能實踐自己的夢想。

一開始，完全外行的楊惇傑，跟三五好友經常出入酒吧，非常渴望擁有自己的空間，不吵鬧卻能熬夜品茗的地方不多，創作是條漫漫長路，彼此整合又不影響生活品質，在不斷地溝通構思裡成型。

楊惇傑認為台灣的藝術家包容性很強，這是草民文化的強韌特質，有自己的原創性風格，在傳統文化的基礎中各自發展。藉由朋友間口耳相傳的推薦下，楊惇傑一一造訪，邀約了十多位藝術家，共同輪流展出作品，彼此烘托各自的生活創意，再創藝術品的實用價值。

放鬆的音樂中，視覺空間溫暖，家具能讓人久坐，外加東西合璧的家常簡餐與小點心，從咖哩飯和燉牛肉逐漸轉變為更精緻的菜單：咖哩鮪魚Quiché（法式鹹派）和烤牛肋條，以及自己最擅長的調酒，西式茶餐廳的Café於焉成形。

楊惇傑集合了各行業的投資者，每個人付出自己的創意，有人家裡的媽

媽特能做點心，更有人的媽媽喜歡搞創作，只要願意加入這打造夢想的空間，基本上都敞開大門歡迎，剛過三十的男主人不考慮入不敷出的經營，到底能支撐多久，只要能存在一天，就是莫大的幸運與享受。

即將搬遷到信義區的熱鬧地段，擁有十五層高樓的頂樓私密空間，未來的店面更有前瞻性，楊惇傑被房東趕走的下場，竟然是更樂觀，從小巷弄轉戰大鬧區，不可見的前途，不影響對創作之美的吸引，只要有舞台，便能有無窮的創意發揮。

127

可以想像，派對與展覽似乎更有揮灑的空間，頂樓上的星光閃閃，也許恰恰是天然的舞台照明。

www.joyartcafe.com

左｜久翼咖啡館的外牆風景好。石｜咖啡館是展覽所也是工作室，

128

上｜舒適家具是咖啡館的必需品。
下左｜楊惇傑在咖啡館內的創作模型。下右｜楊惇傑定期展出各類型藝術家的作品。

Joy咖啡館的客戶族群以輕熟女居多。
上｜咖啡館也有酒吧功能。

129

電燈開關也順便創作一下。
左｜小走道也可以發揮展覽功能。

相思李舍的低調奢華

在叱吒風雲的建築師事務所上班，好端端地卻被任性的老婆捲進另一門咖啡生意，只因為家裡供養著愛作夢的小女人。

李威德夫婦從紐約搬回了許多中西古董家具，舉家學業有成地返台，原本學服裝設計的太太，莫名看上一戶東區老公寓，硬是全然門外漢地開起咖啡館，一天也沒有過過學以致用的日子。為了英雄救美，做老公的只能放下工作，埋頭鑽研咖啡經，邊做邊學地，也熬出了獨創一格的低調奢華生活風潮。

130

一杯咖啡五百元台幣起跳，若要享受一杯好茶，從上千元都可能，可千萬別點到地雷。

這麼昂貴的飲料，竟然也有人趨之若鶩，讓李威德徹底從建築師轉行，被咖啡綁架，然後得寸進尺地開發出全台最昂貴的飲料，一碗茶破千元。小小一家咖啡館，每個月的營業額，以百萬台幣論計。

台北市的咖啡館，幾乎都是夢想家的天地，獨獨李威德是被迫接手卻強勢經營。很少有咖啡館老闆是如此兇惡地堅持自己的原則：進門必須脫鞋且不許喧嘩！若有人想挑釁，隨時會被趴在地板上擦地的老闆立時請出去；再要不從，更難看地轟出去也不是新鮮事。李威德是出了名的惡霸服務員，想不吃他的排頭，得識相點，否則便要贏得他的賞識，偶而享受小小的額外特權。

第一次走進相思李舍，就被滿屋的骨董家具驚嚇到，從法式的絲絨窗簾與沙發，到中國的古典躺椅，很容易讓人誤以為是藝品店，而過門不入。擁擠的擺放，卻一點也不影響使用者的從容，坐下後，更難以自拔地無法起身，一把懶骨頭被撬得服服貼貼，再也不想離開，彷彿躺上了

這家咖啡館不是骨董店。

小說中的煙榻，漫遊在迷人的煙霧繚繞裡，視線模糊地引人遐思。

隱隱散發的咖啡濃烈與淡雅茶香，互不干擾地彼此唱合，一如這獨特空間的裝置藝術，奢華得很隨性。

當我說只願聞香而不在乎品茗的選擇，當場惹惱了主人，端出一大盤多種咖啡豆：「自己挑選，我聽不懂妳到底要甚麼？」我好整以暇地打開玻璃罐，挨個嗅聞下去，狠狠地滿足了狗鼻子，最後選了飄出淡淡甜香的淺色咖啡豆；十多年前的我，對咖啡豆一竅不通，隨手一指：「這就是我要的！」怎麼也沒想到，李威德眼睛一亮：「很少人這麼識貨……」，從此，我便成了享有特權的座上客。

多年來，由於價格不斐，我雖始終握有特權，依然很少上門光顧，除非遇上重要客人，或至交忽然出現，偶而放縱地奢華一回，也許相隔兩三年，李威德照樣小心地存放著我早已忘記的詩詞。

就在經常舉辦各種藝文活動的國父紀念館旁，看表演前，去相思李舍啜兩口好咖啡，一場好戲也許更入味？

相思李舍咖啡館是台北最昂貴
的奢華下午茶。

相思李舍創造了台北咖啡館的獨特風光。

中｜走進相思李舍第一件事就是脫鞋擺整齊。**下左**｜上好的台灣高山茶與咖啡
是相思李舍的招牌。**下右**｜相思李舍舒適的空間享受讓人站不起來。

喜歡學校Ecole的感覺而開Café

從法國留學帶回來的Café（http://ecole-cafe.blogspot.com/）北市青田街一巷六號。

躲在新生南路的小學正後方，夾在金華街小公園旁側的巷弄間，一片綠油油的公寓式住宅區裡，擁有自己的小院子，賣起二手家具與新潮時尚的創意居家飾品，從事裝潢設計的王羊恩，忍不住玩起家具店又在旁邊開了咖啡館，為找回法國留學期間的感覺，乾脆也把店名取為法文的學校Ecole Café 。

王羊恩喜歡法國校園咖啡館的氛圍，劇場、音樂、書與電影的交流匯集，還有群體關心生活文化背後的社會責任，每個人一點點的累積，便能創造出美好的大環境；一如他對居家領域的設計概念，把陽台留出來與陽光植物一起自然呼吸，室內的空間也越加地風光明媚起來。

每周五晚上定期舉辦文學小影展外，小小的咖啡館裡，不經意地展示著採集而來的音樂與書，或者奇怪逗趣的小玩具，要交換或購買的，也可隨意欣賞交流。地下室則提供藝術創作者隨興發揮，每個月都有趣味性的展覽與對談。

店長張世彬，是個愛玩糕餅的怪咖，三年前很偶然地到台北縣八里鄉的穀類研究所（http://www.cgprdi.org.tw/）學了各種玩麵粉的基礎技術，就開張動手做蛋糕，越做越有興趣，喜歡手打的感覺，因此無法大量販賣，只有來學校才品嘗得到。

阿彬說：「一開始，許多客人嫌我的蛋糕做得太漂亮，認定是外面訂的，不是自己動手做的，不願意品嚐，我只好做得醜一點，免得人家不相信是我做的……」但這醜醜的乳酪起司蛋糕和入口綿軟的布朗尼，看

134

學校咖啡館在公寓住宅區。

135

起來一點兒都不醜啊!阿彬説:「我以前做的比這個漂亮多了,會下很多的工夫裝飾。」同樣是很大眾的起司蛋糕或布朗尼,阿彬卻能做出多種配方,而產生截然不同的口感,且經常變換隨意發揮,做出自創口味是阿彬最大的成就感。

我一口氣吃了好大一塊杏仁脆片,又吃了入口驚艷的布朗尼,彷彿口腔被溫柔地撫摸一般,幸福感滿溢流竄,忍不住又要了用檸檬汁做的奶酪起司蛋糕,隨被阿彬好意攔阻:「妳要不要下次再來吃啊?」我猜得沒錯,這獨步一格的起司蛋糕,果然絕妙,是完全手打而沒有加麵粉烘培,另外做了餅乾襯底,口感細緻溫柔極了,簡直讓人感動得不知該説什麼。

陽光普照的下午,或細雨綿綿的傍晚,還是懶洋洋的夜晚,都很適合來學校咖啡館,聆聽法國式的煽情,或英國調調的爵士;無論是去室內,或坐在陽台上,都能讓人舒服地發呆許久,也不會羞愧自己浪費了大好時光。在這裡,誰也懶得去想時間這件事。

學校咖啡館最受歡迎的大書桌。

左｜學校咖啡館的門口與巷子連成一體。右｜學校咖啡館的門口有法國感。

學校咖啡館的甜點都是店長阿彬自己動手做的。

137

左上｜杏仁脆片是我的最愛。
左中｜布朗尼特別綿軟。
左下｜阿彬自己手縫書包。
右下｜自創奶酪起司蛋糕。

兩姊妹的鴨埠
─ 跟著感覺走的Yaboo Café ─

永康公園旁的巷弄裡，原本幽靜閒散的住宅區，一家一戶地紛紛在地面
樓開起咖啡館，儼然形成咖啡館園林，各自有招牌菜單奉上，還有不同
的發展軌跡可循；只要幾天沒時間好好地逛一圈，便忽然又發現新大
陸，這一家Café 是幾時開的？竟然躲在巷子口，隨隨便便就錯過了。

永康街41巷26號！小小的院落，裡面是大大的紅配綠，若非站在門口的
菜單黑板，很難吸引人走進去。到了裡面，才發現有好幾個角落可以窩
著，東西是否好吃，也不這麼重要了。

2010年4月1日，愚人節開張？據說這一天是好日子，很多人選擇這天結
婚。爸爸出錢，媽媽當董事長，姊姊負責裝潢設計與廚房工作，妹妹則

鴉埠咖啡館用色大膽溫馨。

專門掌管非常寬敞的咖啡吧檯，因為她是開館的始作俑者。不過，媽媽堅持：「我才是真正的老闆娘！姊姊和妹妹是我聘雇的員工，必須聽我的⋯⋯」雖然媽媽只提供烘焙糕餅，其他開門瑣事一概不管。

八〇後的蔡詩敏因為愛上咖啡，而跑到咖啡店上班十個月沒領到薪水，老闆經常不在，大小事情一手包辦的結果，讓妹妹在短短的時間裡，快速地學會了張羅一家咖啡館的各種門道；在媒體工作年長五歲的姐姐蔡婷如非常心疼，一家人商量過後，決定自己開店。

沒想到，二月二十二號生的愛蜜莉失業後第二天，失魂落魄地在永康街社區瞎走，看到一戶有漂亮院落的房子出讓，分外驚喜地讓全家人出動，一起打造夢想。

左｜鴨埠咖啡館由妹妹掌管吧檯。右｜鴨埠咖啡館的糕餅是媽媽最喜歡的娛樂作品。

為何叫Yaboo？因為妹妹愛蜜莉的口頭禪是Oh！No！直譯成中文的：「呀！不！」而官方說法則是跟Yahoo拼音接近容易記住，而音譯成鴉埠，據說烏鴉是最聰明的鳥類，便這麼湊合著用了。

新店開張，除了附近常出現的藝文圈名人，也常遇到怪客，妹妹說印象深刻最經典的被暱稱為espresso大叔：「附近的咖啡館幾乎都被他『教訓』過了。那天他穿著橘色的風衣，低頭駝背走進來。」堅持拿起濃縮咖啡杯表演的妹妹接著說：「開口就跟我要Ristretto（又叫corto），跟他說明店裡的機器是espresso專用配備，無法做到一模一樣。」義式濃縮大叔拿到被迫特製的Ristretto，立刻將手指頭伸進咖啡杯：「這根本沒有93℃。」轉頭便走人，再也沒出現過。

姊姊媞娜說：「這附近有很多奇怪的人，喜歡坐在吧檯跟妹妹聊天吐苦水，很可能是我妹學過心理學，不太介意，而吸引了許多這類人。」

開業不到半年，經常高朋滿座甚至多半是家族聚會，老老小小地各自盤據，一坐就是一下午，彷彿周末短期休閒旅遊，搖搖晃晃步履蹣跚的幼兒，互相牽手抱抱，也能玩上幾小時。姊姊說：「我也不知為何店裡特別容易吸引附近的居民，可能是色調溫暖吧！很希望這家店能慢慢變成許多人的長期回憶……」

鴉埠咖啡館的小院落很受歡迎。

上｜Yaboo Cafe 鴉埠咖啡館也歡迎各種藝文活動宣傳品。

下｜熱愛咖啡的蔡詩敏與疼愛妹妹有加的蔡婷如。

只賣專業豆的瑪汀妮芝咖啡 Martinez Coffee

1998年開始進口有百四十餘年咖啡烘焙技術的瑪汀妮芝咖啡，陳偉峰堅稱：「烘焙咖啡是一門科學技術，必須有數據與長年的經驗累積，還要有雄厚的資金做後盾，否則只是瞎貓撞到死耗子，根本無法預期手上會做出什麼樣的豆子。我認為，以目前台灣的實力，沒有人能做出像樣的咖啡豆。」

咖啡豆是有生命的農產品，儘管是同樣的產區與莊園，每年的氣候與土壤變化，都會影響豆子的品質，單單是最關鍵的含水量，都很難控制在一定的範疇裡，烘焙時需要拿捏的分寸，就更難掌握，而必須有科學根據地，一一檢驗，按照既定的數據法則，定出烘焙的準則與程序。

更要命地，就算是控制了咖啡豆烘焙後的品質與氣味，烹煮的過程與細節，照樣會做出極大差異的口感。

陳偉峰坦承：「剛進口咖啡豆的第一年，剛好認識了相思李舍的李威德先生，他告誡我必須自己學會烹煮咖啡，才有資格做這門生意，否則咖啡豆賣出去，拿到的人不懂，就會暴殄天物，根本分不出好壞。」但又補充：「李先生逼我看他煮咖啡，但沒有教會我，剩下的，都是自己慢慢摸索出來的……」

義大利不產咖啡，卻是全球烘焙咖啡豆的鼻祖，原因恰恰是陳偉峰口中的：「科學！用專業的配備，按照經驗法則，鉅細靡遺地測量出一定的標準數據，才進行烘焙，如此一來，不管那年拿到什麼樣的咖啡生豆，都能充分掌握出豆的品質，而不會有太大的差異。台灣人比較大膽，土法煉鋼，也可以做出一般大眾能接受的口味，但要通過我這一關，可就難了。」

陳偉峰都是定期每兩周從義大利空運咖啡豆來台,兩天抵達,絕對保鮮:「做咖啡這麼久,我也希望台灣能做出自己的咖啡,但困難度相當高,從韻味到香氣,都遠遠比不上百年老店的水平,每個人有自己的標準,這無法勉強……」

「好咖啡,能烹調出數十種氣味,挑戰味蕾;不好的咖啡,不但傷腸胃,入嘴便刮舌,即便有香氣,也很單薄,更不能回甘甚至餘韻繞樑不絕,我的咖啡,保證能做出我想要的口感標準。」陳偉峰如是說,並當場拿出獨門絕活:「世貿展時,我的麻辣咖啡一煮出來,便讓記者追著跑;其實很簡單,我只是把印度原生豆最美妙的土壤特色完整地發揮出來,玉米、芝麻等等農作物的清香甘甜,是由於當地土壤礦物質豐富,再加上農作物輪耕頻繁,而產生出這種獨特氣味的生豆,現在變成我的招牌。」

從進口專賣瑪汀妮芝咖啡,到開店煮咖啡,陳偉峰一路走來學會了專注地經營:「許多人認為賣單品咖啡很難生存,但我認為家家都有自己的特色,不跟別人一樣,才有生存的空間,目前為止,我認為自己是對的,堅持,才是做生意的本錢。」

www.martinezcoffee.com.tw

瑪汀妮芝門面典雅。

瑪汀妮芝咖啡陳偉峰進口烘焙豆二十年，自認烘焙條件不足。

光點台北的咖啡時光
—假借冥想的發呆綠蔭 —

咖啡,絕對是治療憂鬱症的絕佳偏方;從清除口腔、食道與腸胃累積的垃圾黏膜外,並活絡細胞的蠕動,由裡到外地疏通經絡,讓昏睡的靈魂重新醒過來;難怪,古代巫醫們經常用咖啡來治療疾病。

許多咖啡人都渴望能坐在綠蔭下,陽光閃爍中的品茗,或雨花飄落下的啜飲,總能催生出無限的遐思,讓發呆片刻,又更理直氣壯起來。

145

光點台北之家,是早期美國大使館宴客的官邸,後改裝成台灣電影協會接手後的藝文空間,有經常舉辦藝術電影影展的光點電影院,還有創意小集,以及擁有整個漂亮院落的咖啡時光咖啡館,和連結講座藝文廳的電影沙龍酒吧。入口的院落氣派雅致,就連美國副總統時期的尼克遜訪台時,都捨旅館而住進這座老房子。

經營咖啡館的,如經營過窮文巷咖啡館又轉任咖啡時光店長的曾盈瑋所說:「擁有一座院落的環境,是非常幸福又幸運的,若又能隨意隨興地撿拾各種二手家具,再創造整體氛圍,還加上自己獨門手工烘焙的糕餅,吸引熟客一再地流連忘返,如家人般分享彼此的生活經驗,這就是理想中的咖啡館了……」

曾盈瑋喜歡搞創意,經常變換菜單,而經營咖啡時光最有趣的工作,就是必須跟電影扯上關係的飲料與菜餚,尤其是侯孝賢導演的作品,如最近登上飲料菜單的『海上花』,就是用紫羅蘭、玫瑰、茉莉與洛神花組合而成的甜美飲品,一杯紅豔豔的花瓣,漂浮在透亮的冰塊之間,再加上一瓣新鮮檸檬的調味,仲夏日的暑氣,瞬間消逝。

光點台北咖啡時光的院落獨一無二。

下｜光點台北咖啡時光的窗景迷人。

下午茶是咖啡時光最熱鬧的時段，許多附近的藝文青年與上班族或貴婦群，都喜歡在午後懶洋洋的時刻出現，看完早場電影後，順便喝上一杯醒神咖啡或一壺爽口的好茶，再要一份沒有負擔的輕食，就是最完美的陽光假期了。

超大份的導演沙拉，一個人很難消化完，下午茶需要三兩好友共同分享，才能品嘗到讓人眼睛發亮的甜點；尤其是店裡自創的美式提拉米蘇，分隔提味層次的咀嚼，同時讓濃縮咖啡與巧克力的神奇交疊，在淡淡甜蜜的酒氣中擴散，濃密的幸福感，便是這麼噴出來的。

147

抱著電腦或書本雜誌，躲在角落裡，混上一整天…… 咖啡時光的店長非常歡迎這樣的客人：「我喜歡待客人如家人的感覺，舒服而溫暖；就像我挑選咖啡豆，一旦選定了讓我安神的氣味，就不想換了，認定到底；安定的感覺，也是我經營咖啡館的原因，守著自己喜歡的空間，慢慢營造出喜悅的氛圍。我喜歡搞創意美食，但若客人像我一樣戀舊，就會留下那些留客食譜，再逐步增加新口味……」

耀眼的夏日豔陽搖曳中，進出食客越來越多，卻不見喧鬧，服務的人靜悄悄地忙碌著，曾盈瑋表示：「我們盡量以不打擾客人為宗旨地服務，隨時添加水或收拾桌子，都要很機伶地靈活察言觀色，這需要相當的成熟度才做得到，幸好我們的工作環境好，員工多半相處愉快，不太容易出問題……」

走進一個空間，願意坐下來發呆，這便是經營者最大的成就了。

http://www.spot.org.tw/intro/admin1.cfm

148

光點台北咖啡時光的下午很浪漫。

左｜光點台北咖啡時光的冰淇淋也要打扮。中｜最受歡迎的提拉米蘇。
右｜店長曾盈瑋自創海上花香草茶飲。

左上｜光點台北逐漸成為市區地標。
右上｜光點台北咖啡時光的裝飾以電影為主。
左｜光點台北咖啡時光的門外就是電影售票口。

Part 3

享受優雅的老茶館

台北茶館閩南風

特別潮濕的台灣小島，十八世紀末嘉慶年間，才從福建引進茶種，經過百餘年的改良與研發，逐漸餵養出自己獨有的風土氣味，與相繼而來的生活茶文化；不論是茶種、烘焙、儲藏與沖泡技巧，都越來越精緻化，而進入一種看似隨意卻頗有沉靜中無限暢飲的昇華韻味。

這種獨有的生活茶，慢慢地形成台北老城新氣味的另類特色，而吸引了海外遊客，甚至許多巷弄裡的茶宴，幾乎都是國際識途老馬的必訪行蹤，正宗台北人反倒比外人陌生；最重要的原因，是這些經營茶館的人，似乎都有著共同的傲慢，而不願意在茶館外掛招牌，讓閒雜人等很輕易地過門不入，難以察覺內有乾坤。

我拜訪過幾位三代茶農，一般茶樹齡約二十歲左右就被汰換，台北近郊卻仍有六十歲的茶園，經過新生代的環保意識，而讓水土漸漸還原，雖雜草叢生，卻神奇地讓茶樹恢復了難得的生機，而散發出非常有生命力的茶香。

不灑農藥而勤奮拔草用手除蟲，需要相當穩定的耐力與定力，這幾乎是坐禪般，只有少數人才辦得到的涵養。

同樣地，不要花槍地製茶，才能讓客戶隨意地品茗而意猶未盡，經過彼此長期培養的默契與信任，才能創造正面成長的市場；這便是台北茶農與愛茶人之間，衍生出非常有趣的貿易關係，商人與客戶之間，變成了半輩子的至交好友。

想買道地的好茶，可得用上長時間培養出來的交情，這就是台北人骨子裡最不可捉摸的生活趣味。

台北市幾家歐美與日本遊客最喜歡去的茶館，首推百年古蹟的半世紀老官舍改裝而經營了三十年的『紫藤廬茶館』，因坐落在台灣大學側門邊，而成為學術圈經常舉辦各種藝文活動的地盤。永康街的『e2000』與『冶堂』，是不賣茶水，而僅只供應好茶與茶文化給同好的小茶館，很有趣地，每每帶朋友上門，品茗許久，還從老闆嘴裡汲取了許多豐富的茶史文化與各種辨識好茶的寶貴知識，卻未繳分文地離去，而頻頻被責問：「真的不用給錢嗎？」

沒錯，台北市有許多可以喝好茶不給錢的茶館，品茗，變成了生活文化交流，買不買，在於自己的需求與欣賞，其餘的，講究生活品味的茶商們，根本不屑一顧，這並非是傲慢的理由，卻是一種自我監督的堅持。先讓自己有品質，便能取得長期的信賴，生意，才能長久不衰。

155

想在台北找茶，可得有點兒心理準備，最好的方式，聆聽再聆聽，慢慢找出自己獨有的品茗步調，以及難得知己的人生況味。

喝茶，本來就是南宋時期發展出來的茶道，而滲透進閩南地區文人雅士的生活裡；台灣的茶文化恰恰是從這樣的歷史脈絡裡，走出了自己的高山烏龍茶天下，而讓芬芳成為獨一無二的品茗樂趣。慢悠悠的享受過程，竟然也能成為國際文化藝術節相繼邀約的一種生活藝術表演，而逆向行走地出口了改頭換面後的閩南茶文化。

木桌上的方巾棉布上，整齊地放置大茶碗裡的一盞小壺與幾只小杯，和一座小炭爐上滾熱的泉水，便能好整以暇地，天南地北閒聊中，間歇性地靜靜啜飲。若還有三五好友，輪番拿出自己的古琴撥弄兩三下，那就是天上人間般的『茶道』啦！

台北仍聚集著一群古琴人，固定在各茶館間雅聚，運氣好的人，便能趕上一場微風艷陽下隨意琴音飄散的品茗饗宴。

曾抽空造訪過久仰大名的南管（南音）重鎮泉州，茶館林立之間，大珠小珠落玉盤地輕敲慢唱，餘音嫋嫋地迴盪在樑柱之間，彷彿又重回南宋似地，聽見了文人無力救國的如泣如訴，埋藏在短暫的男歡女愛詩篇裡。

南方文人的品茗，和我在雲南農村裡享受到的喝茶，真是大不同；前者需要好整以暇地安靜沉思，才能汲取難得瞬間湧現的幽香；而後者則如救命似地，濃烈地灌進體力，而讓人精神大振。於我而言，這兩者各有千秋，都有各自的必須與必要。

走進台北城，請務必事前做足功課，找幾家老茶館，狠狠地坐上一下午，即便是沒有現場演奏，也必然會有搭配環境的空靈古樂，讓人當下洗滌散漫慌張的神魂，而心甘情願地沉靜下來，喝到真正的好味道。

157

大安區的紫藤廬茶館經常舉辦藝文活動。

右頁圖｜紫藤廬茶館的院落與室內相輝映。

紫藤廬茶館經常有文人雅聚。

e2000茶館門外方寸之地
亦成小院落。

e2000賣茶也賣古董。

冶堂茶館是永康街的最佳風景。

冶堂收納了許多古老的趣味。

幸福郵戳在台北 Taipei Friendly!!!

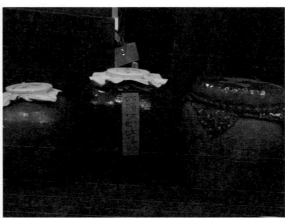

167

冶堂喝茶順便吸收茶文化。

老茶是茶館的資產。
有自家收藏的冶堂茶館儼然成為
私藏茶文化博物館。

Part 4

Bistro & Café 一家一腳印

Brunch@台北下午茶

多年來，采如與泰生夫妻發願製作童裝為畢生志業，即便是私人收藏也台北市經歷過不同國際文化洗禮，而遺留了許多殖民地的奢華生活方式，一點一滴地積累著城市居民的餐飲慣性，走過數十年經濟大變革的洗禮，再三翻轉後，才堆出今天的時尚餐館風貌。半世紀的風調雨順，餵養出如今的精細饗宴，尋常百姓家就能過上富豪般的奢華享受；只需三百元台幣左右，一頓豐盛飽滿的早午餐或下午茶，就能讓人眉開眼笑地飽足一整天，再也不需要另外張羅覓食，而且還加上環境舒適優雅，三五好友窩上一整天，或家人聚餐大半晌地渡假，都是很尋常的假日選擇。

朋友們笑稱：「看這些人山人海的下午茶人潮，根本不像是經濟不景氣啊！」這也許更呈現了小島寡民的樂天派，先用少少的錢讓自己開心，才有力氣去煩惱大大的考驗課題。

早午餐Brunch是典型的殖民地老爺夫人的生活步調，將近中午醒來，不早不晚地，吃什麼好呢？慢慢地，大都會的創意人才增加，新世紀的少爺小姐們也漸漸地回到古代，享受起老古典的閒散生活風。

於是，比早餐豐盛而比午餐清淡的早午餐，就這麼流行起來；既然推出早午餐，等同效應的節省成本模式，也讓這些餐館的下午茶大受歡迎，彼此相得益彰地創出新潮流，甚至淹沒了正餐的營業額。一頓樣樣具備的早午或下午套餐，足夠一整天需要的食物，又加上沒有享用的時間限制，便讓人有莊園微風饗宴的滿足感。

早期的下午茶，只有咖啡、紅茶與餅乾或蛋糕的選擇，自從有了早午餐的新潮菜單出現，下午茶的選擇也跟著增多，東方人多半不喜甜食的腸胃，就更聞風而至地加入了這種洋派的歐美飲食生活。

說起下午茶，幾乎全球的烹飪高手，都必須到巴黎朝聖，無論是食材或烘焙的精緻度，幾乎是所向披靡地打遍天下無敵手（現代都會城市居民的認知）；想開餐館，巴黎是唯一擠破頭也要去的培訓中心。一張招牌掛出來，幾個法文字，就是顧客最直接的選擇，再要加上幾張大廚們的合照，免費的媒體報導必然趨之若鶩。

於是，也從下午開始熱鬧的Bistro夜生活小酒館，理所當然地跟進，以正餐大宴的風範，搶進下午茶市場，而讓簡簡單單的休閒茶點，更上一層樓地，直追宴會大餐的配備，甚至有過之無不及。

生在這個世代的台北，就是用上班族的薪水，去品嘗富貴人家的宴席。最划算的生活方式，就是一天一餐的下午茶。

經過ICRT電台工作多年的Diva楊韻凡引薦，把台北最夯的幾家下午茶吃一圈，我的腰圍也多了兩圈。

173

15區法式烘焙的入口很巴黎。

174

15區法式烘焙：台北市民生東路三段113巷6弄11號（西華飯店正後方）

15 區法式烘焙

綽號馬尾的洪哲煒在巴黎廚房蹲了將近七年後,因簽證關係(學生證一直不能轉成工作證)被迫返台六年,問他那麼喜歡巴黎的廚房,為何跑回來?他想也不想地回答:「回來是為了能夠再回去。」明明是法式餐館菜餚高手,卻又為何經營點心烘焙?「資金、人才的籌備與培訓,餐館的規模是很可觀的,尤其是法國餐館,單單是裝潢,就可以搞死人。」沒錯,法國廚師普遍認為裝潢是餐飲的基本尊重。

馬尾在大飯店的廚房裡受到大廚賞識,而容許他自我調派去麵包房學藝,因此具備了經營一家餐館的完整資歷;即使是做個傳統小點心,也要以做大菜的心情來發揮自己的本領:「做菜只要把心拿出來,就沒有會不會的問題。」

15 區法式烘焙的蘋果薄塔最受歡迎。

左│下午茶的鹹派是老闆洪哲煒的公開秘方。中│法式烘焙的蛋糕總能豐富到骨子裡。
右│入嘴幸福綿密的香草布丁。

門口玻璃窗貼出新品『老男人』，原來是法國經典萊姆酒巧克力蛋糕，經過馬尾的巧思改造而成。說起廚房便滔滔不絕的馬尾，就連每道點心的歷史典故與細節，都要交代得清清楚楚，才說出自己的創意：「我的烹飪秘方都是公開的，任何人想學，我都有問必答，這是法國大廚之間的默契，沒有人會藏私……」這道點心的秘訣就是看似巧克力的香蕉夾層，讓老男人不受重視卻頗有功能的辛酸與魅力，都『醜態』畢露出來。

下午兩點，我吃了法式蘑菇鹹派與生菜沙拉、一杯咖啡和熱巧克力，外加蘋果塔與老男人，還有好吃得要命的香草布丁，馬尾很訝異地問我：「妳吃得下嗎？」嘿嘿！那要看吃什麼。當然是一掃而光啊！

15區老闆馬尾的傑作是老男人香蛋糕配方是絕招。

15區的蛋糕都很經典卻又有新創意埋伏。

Just in Bistro

在法國拿到好幾顆星的新加坡大廚Justin，因為航海而愛上了廚房，到處旅行的結果，就是四處開花散葉，每座喜歡的城市都去開一家自己喜歡的小餐館，La Petite Cuisine就成為台北東區巷弄裡的小酒廊，卻因為廚藝太好，而以下午茶聞名四海。

小小船員，竟然出版過巨大食譜的Justin，當年在海上航行，閒來無事就去廚房裡搞東搞西地讓同僚品嚐，後來有一天，終於被船長送下船：「你該好好地善用天賦！」於是，Justin就這樣一步步地變成了李光耀的御廚。

店長陳珮甄得意洋洋地介紹著自家經常變換的菜單：「我幾乎每天都要試新菜，太喜歡這份工作了，那種新鮮的期待，總是有驚喜的收穫，讓人經常處於亢奮的狀態……」尤其是老闆堅持使用新鮮食材，就連香草也絕對不用替代品，而讓自製冰淇淋入嘴噴香，滋味無窮。

光看她不停地端上桌的下午茶套餐，就知道這家小酒館有多熱情了。從入嘴流涎香的三明治、撲鼻芬芳的薄餅披薩到號稱天下第一的蘋果塔，興高采烈地吃完，沒想到，又端來了五彩繽紛的焦糖布丁、可麗露、開心果蛋糕…… 我，打包吧！

位於東區最熱鬧的地段，卻躲在靠近市民大道的巷弄裡，若非識途老馬聞香而至，恐怕很難招攬到過路客。果不其然，如此價廉物美又舒適的小餐館，竟然是門前車馬稀，簡直是暴殄天物。

Just in Bistro：台北市忠孝東路四段181巷33號（捷運忠孝敦化站2號出口）

Just in Bistro下午茶提供的披薩是人間美味。

Just in Bistro 下午茶的三明治
是米其林星級別享受。

Just in Bistro可以從下午茶
享用到半夜。

Just in Bistro 的蘋果薄塔獨樹一格。

Just in Bistro 的陳佩甄對每天新菜單非常滿意。

右下｜Just in Bistro 下午茶吃完不用吃晚餐了。

Galerie Bistro

在中山北路與南京西路的交界處，離大馬路幾步之遙的巷弄裡，竟然有一間富麗堂皇的白房子，大門敞開，卻令人不敢褻玩地逼近，門口招牌沒有中文，引人好奇，若非朋友介紹，恐怕是不會輕易走進去的。

女主人是劉家大戶的第五代重孫，她在這座房子生長，從小浸淫在老祖母承歡膝下的幸福裡，後來的變遷，讓老家頹敗無人管轄，讓中學就去瑞士學餐飲的Ely決定重新整頓，雖一輩子沒上班工作，還生下一窩的孩子需要照料，卻毅然決然地取得父親的同意，大張旗鼓地經營出風格獨具的小餐廳。

這座小洋房的樓下與庭院，可以享受早午餐與下午茶，樓上則有畫廊與宴會廳的功能。陽光普照的天氣，到這裡靜靜地品茗，是一種非常幸福的選擇。

打開菜單，可以發現主人翁的親民，看似輕食的名稱，端出來的菜色都是正餐宴會的規模，而價錢又比正式餐飲要便宜許多。因此，這家餐館的名字才取名為Bistro小酒館。一進門就被大廚隨手做出來的海鮮薄餅披薩給打敗了，單看顏色就能舔出那鮮美的口感。酷嗜美食的Diva大叫：「趕快加入菜單，味道太神奇了！」

女主人與Terry兩個姊妹淘聯手打造出這家美侖美奐的酒館，一個負責裝潢布置與餐飲開發，後者以管理為主；平時愛吃麻辣中餐的Terry表示：「我以前不吃這麼精緻的食物，這裡的裝潢也不是我的品味，這一切都是很新鮮的學習，非常有趣。」生活背景如此截然不同的兩人如何合作？「很簡單，不懂的部分如餐飲，我退讓，這裡是Ely成長的家，裝潢更沒有我說話的分，剩下的，就都是我的事了。」

雖自稱小酒館，但事事講究完美的Ely怎可能輕易罷手，任何菜單的出現，都是一再試吃試做才定調上桌，她賴給老爸的生活教育：「即使是跟我爸一起去旅行，住在同一家旅館，就只是出房門下樓吃飯，都必須精心打扮，否則會被趕回去。我爸說這是基本尊重，必須養成好習慣。」

以小見大，Terry暗示的經營壓力在哪兒了。

Galerie Bistro：台北市南京西路25巷2號（捷運中山站2號出口旁）

184

Galerie Bistro的法式洋蔥湯
最受歡迎。

GB下午茶的提拉米蘇。

Hsiang The Brunch

下午兩點半進門，人山人海的盛況，讓人很懷疑這是台北市嗎？「大家都不用上班啊？」Diva 表示：「向氏早午餐正對著國民黨榮譽主席連戰居住的一品大廈後門，這附近有許多貴婦，上午送完小孩上學，正好來這裡吃份早午餐，三五好友聊聊天，回家休息一下，也許再約姊妹淘喝個下午茶，才去接小孩回家。這家小店，正巧趕上需求，就是貴婦們一天的生活。」

翻開菜單，果然都是美式早午餐，有餐飲二十年經驗的老闆向加如非常大氣地表示：「我們的分量很美式，但內容非常歐式，我自己喜歡到處旅行吃好吃的，看到什麼好東西，都要拿回店裡試試看……」沒錯，光看菜單還不足以表現，盯著那些忙來忙去端碗盤的服務人員，就知道什麼叫做周遊列國了。

妳很難精準地給與 Hsiang The Brunch 正確的標籤，雖然她自稱是向氏早午餐，但內容五花八門，豐盛程度比正式晚餐有過之無不及，隨便點上一份，才發現必須找人來分享，否則會吃暈過去。因為實在太好吃了，捨不得剩下。

我只能說，走進向加如的餐廳，確認了：「住在台北很幸福！」出門帶上三百元台幣，一天的餐飲費用綽綽有餘了。

美式下午茶驚嘆號！向加如的女人當家遊戲生意經 Hsiang The Brunch 竟然以美式 Brunch 早午餐做店名，以豐盛 Afternoon Tea 下午茶做招牌，利用五年的 Lounge 會所酒吧經營經驗，成功打造了台北東區最夯的休閒式餐館。

問向加如頻頻開店的樂趣何在：「可以有充分的藉口出國旅遊啊！」別

人就是怕被經營餐館綁架，她的理由卻逆向行走：「我要到處看四處吃，才能找到經營的靈感啊！否則就無法靈活管理，存活到今天，不被市場的波動打敗，靠的就是見多識廣。」

幾年前科技新貴如雨後春筍般膨脹，年輕多金的宅男是市場主力，向加如的Lounge Bar裡用的都是漂亮辣妹，如今貴婦早午餐與慵懶下午茶的消費主打以女性族群居多，於是，店裡的服務員便只用年輕帥氣的男孩。

女人當家的優點：「隨心所欲，不需要跟任何人交代，我自己滿意最重要。」

向加如認為女人的心思比較細膩，會注意很多服務上的小細節，是一般男人想學都很難做到的；但個性爽朗大氣的向加如剛好自我互補，既能大手大腳地創業又改弦更張，還能隨時因應市場需求，徹底自我改造：「我當然很想開高檔的餐廳，用上好的食材，我自己就很好吃啊！但生存法則不容許時，就要識相點，不能硬碰硬，活著，比較重要。」

台北東區頂好商場對面的巷子裡，窩在高檔住宅區，連戰先生居住大廈的正後方，一戶粉紫色上下兩層樓的餐館，看不出店名，卻生意興隆門庭若市；除了咖啡、茶飲有相當水平外，每份套餐的分量都比照美式餐館，大得驚人，大約是亞洲人腸胃的兩人分量，如果打定主意要獨自享用，一天一餐就夠了，難怪許多人會選擇早午餐或下午茶，跨越兩餐的吃法綽綽有餘。

非常重視食材的品質與新鮮度，也讓這份量足的美式休閒餐相當吸引人，多重選擇的搭配，不亞於正常西餐廳的品質，卻又大方地給予飽足

的分量，只要吃過一次，絕對難以忘懷。

色香味俱全外加分量足，恰恰是旅行八方後的最佳靈活組合，女人式的貼心與調皮，充分顯現在特調花茶中，向加如得意洋洋的配方，讓過份飽足後的我們，依然以喜悅的心情，品茗著果酸味濃烈的花草茶，心裡舒坦地想著：「終於找到早午餐啦！」

只有女人才理解早午餐的重要。

不管是送孩子上學後，還是睡懶覺過頭，或者是晚醒型的腸胃，一頓時間充裕的早午餐，絕對是女人的幸福來源。

怕肥又嘴饞的人，就更需要豐盛的早午餐，只要味覺與腸胃被滿足了，一整天的能量已夠，又能充分消化吸收並分解消耗，省掉了易累積肥油的晚餐與宵夜，怎麼吃，都不會肥了。

187

向家早午餐是女人享受的地盤。

向家早午餐的夜景很美麗。
左｜向如如做餐飲豪氣十足。
右下｜水果鬆餅。

向家早午餐總是人滿為患。

左下｜向家早午餐的份量十足如美式卻味道
精緻如歐式正餐。
右上｜羅勒蔬菜蛋捲。
右下｜菠菜蛋漢堡最受食客讚賞。

> Part 5

台北壞女孩
女生獨立革自己的命

自創品牌服裝設計師

范儷馨 1983.2.14

我在情人節那天出生,同學喜歡捉弄我的名字而喊我飯粒,從小很會讀書,考第一是家常便飯,也因此同學都不喜歡我吧!讓我很容易便鑽進書堆裡去,除了教科書,也看了許多雜書,對神祕學尤其好奇;當然也因為從小被父母丟來丟去地不斷搬家,讓我把專心讀書當作一種逃避手段。我只是個孩子,選擇權並不多啊!

考大學那年,我照樣拿高分,原本可以去最高學府就讀,卻偏偏選擇了職業學校裡的服裝設計科,把老媽氣炸了,當場揚言要斷絕母子關係,並狠心斷糧而不給學費;倔強的我當然不可能就範,照樣打工到處找錢,七拼八湊地入了學,但往後的日子可怎麼過呢!

剛開學幾天,思考著自己的前途,經過美術系教室,忽然靈機一動,便大膽走進去,直接跟教授表白:「老師,我沒有錢繳學費,可以在這裡當人體模特兒嗎?」正在上人體素描課的教授抬頭看一眼,便答應了。從此,我變成業餘人體模特兒,一做就做了五年,畢業後,仍持續了一陣子,因為許多畫室讚賞我的專業,不願意我取消課程。

大二那年,我存下第一筆五萬元台幣,便隻身去了西藏,在喜馬拉雅山脈間遊蕩了兩個月才打道回府,跋山涉水住帳篷搭貨車,什麼都經歷了,也差點丟掉小命;回家後卻食髓知味地,第二年再存一筆小錢,去了印度、泰國,認識了生命中第一個老師,還學會了靜坐。我的老師教會我怎麼面對自己,我們用非常破爛的英文溝通,卻很能理解彼此,而讓我越來越有勇氣去面對一波波的生存困境。

終於變成真正的服裝設計師,有了自己的品牌,受到肯定之前,心裡起

伏非常大，這當然包括家人的不支持，以及幾段感情的不容易，還有不知何去何從的徬徨與掙扎；在布堆裡剪裁，到處訪名師學打版，還要繼續兼差做人體模特兒，身心俱疲之下，什麼奇怪念頭都會產生，但每每就會出現師父的聲音，在耳邊給予當頭棒喝，也就撐了下來。

如今我擁有一家小小的服飾店，自己設計打版製作樣衣，再交給代工少量複製；除此之外，店內的裝修與定期藝術品展覽，都是自己與男友聯合動手，幾乎每個月都重新粉刷，讓顧客有持續不斷的新鮮感與驚喜，也順便給許多藝術家朋友一個展示作品的機會與空間。

我的顧客很容易變成長期支持的朋友，愛玩手染，以及不按牌理出牌的設計風格，輕便又帶點時尚流暢感，穿在身上有異常的流動效果，而讓人很容易愛上我的品牌，幾乎每周都來催促出新品的老顧客，搞得我手忙腳亂，被福著往前跑。店裡還有個特色，就是接受訂製，可以依照每個人不同的身材量身訂做，有更貼身地服務，也因此常有人一進門就很難走出去。

有天，媽媽來到店裡，我們終於有了親密的對話，聽完這幾年的故事，她說：「我以妳為榮……」我的眼淚掉了下來。

范儷的服裝設計走歐風
電影路線。
田原拜訪雲翔辦公室愛上范儷做
的衣服。

194

飯粒幾乎每周都有新作品。

飯粒從設計打版到縫製都自己來。**左下**｜飯粒喜歡搭配多樣色彩的組合。

中下｜飯粒的小店服務周到。

右下｜飯粒有絕佳的喜劇天分。

195

鴉埠咖啡館Yaboo Café 兩姐妹

蔡詩敏1984.2.22
蔡婷如1979.6.27

我是學心理學的妹妹蔡詩敏，因為老覺得自己不太正常，就很喜歡找人聊天，看看別人是否也跟自己一樣。於是，畢業後，就去咖啡館工作，除了喜歡聞咖啡味道外，更可以邊工作邊認識各種各樣的人，聆聽他們的生活與抱怨，藉此運用學校裡的心理學理論，來觀察驗證人性問題。

很湊巧地，我遇上更不正常的老闆，不但很少出現，還讓我工作了整整十個月都領不到薪水，卻也因此學會了如何經營一家咖啡店。姐姐說：「這樣很好啊！我們自己動手做吧！」

於是，取得家人的支持後，我們便在住家附近找到不錯的院落，在媒體居家版面做過記者的姐姐，剛好可以運用所長與專屬的人脈關係，為我打造了一個溫馨而時尚的咖啡館；由於得天獨厚的小庭院，外加小小的地下室展覽空間，我們開張不久便吸引了左鄰右舍的客戶，變成居家休閒的好去處，這也是我與姐姐當初的期望：「所有的客人都會變成歷久彌新的朋友，而彼此學習對方的人生經驗。」

有人說，我們店裡面的食材用得特別好，而且營業時間很長，從早午餐到宵夜都供應，難道不怕賠錢嗎？我們好像沒想過這個問題耶！就只是希望客人吃得好喝得好，滿意了會再度光臨。

這家店開張後，從碎碎念到非常投入的媽媽，儼然變成我們咖啡館的正宗老闆娘，店裡面的糕餅，都是蔡媽媽自己烘焙的，沒想到竟然大受歡迎，還吸引了許多專程來買點心的客人，把老闆娘哄得超級開心。看到媽媽這麼開心，我們也很欣慰。

196

我與姐姐在店裡面分別扮演不同的角色，我主外她『煮』內，姐姐比較像媽媽，喜歡躲在廚房裡，舉凡擺設與菜單，都由她負責，就連媽媽的獨門烘焙技術，也快要完全上手，從核桃巧克力蛋糕，進軍到最受客人歡迎的法式可麗露；而我則專門打裡外場與咖啡吧檯，所有飲料都是我主管。當然，我們必須輪休，彼此慢慢學會對方的手藝，這樣才能調度得過來，否則兩人一起累死也不妙。

自己開店半年，手藝進步很多，還想繼續學習更多的咖啡豆相關知識；至於，原來的心理學臨床實驗計畫，仍擺在心裡，只是被咖啡給分心了，但店裡面的客戶，的確給我許多的啟發與構思，我得慢慢花時間去理解整理，也許三五年後，就會有更清楚的想法了。至少，我現在越來越會做拿鐵，可以漂漂亮亮地端出去，別小看這門手藝，可不是那麼容易掌握的。

不到一年，就能有眼前穩定的客源，我們姐妹倆都覺得很幸運，會更努力以服務客戶為目的，讓自己學會更多的人生經驗。

鴉埠咖啡館Yaboo Café兩姐妹

吞火的女孩

黃雅芬1979.10.12
畢業醒吾技術學院　火舞經驗年資5年
現任亞洲藝術與健康生活董事長私人助理

我是個好奇心很大的人，喜歡到處旅行，去過很多的地方，甚至因此選擇到旅行社上班，即使一直沒機會真正帶隊做導遊，卻也過足了眼睛看世界的癮頭；終於有一天，發現自己愛上了玩火的表演，從此安定下來，徹底改造了我飄移不安的個性。

一開始，遇到一群各行各業相聚的朋友們，大家一起玩火舞，自己也很想擁有這種與眾不同的技能，思考了四年，朋友們總告訴我這會很辛苦，很多人不出個把月就半途而廢，很少人能持續下去；後來，我認為只要有人做得到的事情，我也能做到，就堅持了下來。更何況，這是讓自己有別於平凡生活的一次重要機會。

學火舞，讓我的工作態度與意識形態產生巨大的影響，開始有了踏實的信念，就是要勇於創新，隨時醞釀每一個可能性；在工作上遇到困難與瓶頸的時侯，就像學習火舞一樣，不繼自我挑戰與突破，用堅持和耐心去戰勝並克服它；不斷練習再練習，就像在我們的生活中需要面對的各種突發狀況一樣，隨時做好準備；這樣的鍛鍊，於人際關係也有相當的幫助。因為經常和團員們配合時間練習，有時會意見不合，最後大家都為要完成團隊的演出，一起學習了為共同目標而彼此溝通。

我的生活理念，是培養自己創新又務實的膽識與實踐能力，因此遇到職務上有不同需求時，把挑戰當便飯，非常適合我的個性。我喜歡追求並學習自己不熟悉的領域，慢慢發現並測試自己的底線，而自我超越。即使每天生活忙碌，也不會沖淡我的熱情，反而更激勵我的工作動能，就

連休閒活動也要精彩過癮才行。因此，能夠在日常職場裡不斷挑戰新領域，同時把玩火舞這項娛樂，也搞成了專業等級的表演。

經過多年鍥而不捨的鍛鍊，終於站上舞台，火舞，開啟了另一個精彩的生活面向。台上一分鐘，台下十年功，要持續有紀律不懈怠的練習，才能有完美的演出。練習火舞時，必須全神貫注，讓火焰透過身體的擺動，來顯示出美麗的律動，也要具備恆心與耐力，才可能有完美無瑕的效果，且在驚險動作中，不讓自己受傷。

四年前，因為朋友的關係，加入火舞團體，讓我體驗了截然不同的生活方式。還記得第一次表演時，心裡緊張的感覺，既刺激又興奮，從此便上了癮。

火舞生活，點燃了我源源不絕的熱情，練習雖辛苦，但表演時的悸動，讓人難忘。為什麼會對火舞著迷，除了表演時的繽紛與炫麗外，還可以挑戰掌控火的極限，而讓我一直想要不斷地嘗試與突破。因熱愛火舞，每次上課都全神貫注而認真，下課後仍持續練習，甚至忘我得不知今夕何夕。每天四小時練習，常弄得全身瘀青，也常因燙傷手而痛得整夜無法入眠，心中卻莫名地充滿喜悅。

201

平時連等公車的時間都不浪費，利用各種空閒不斷練習，把火舞當成生活中重要的拼圖，不可或缺。平常工作忙碌而壓力大時，也透過火舞的練習，讓自己的身心靈在專注的律動裡獲得釋放，而這樣的努力，不但令自己著迷，也讓更多人欣賞到火舞表演的美。

身為TS火舞團體一員，除了巡迴表演外，我也幸運地參加過電影《生命之火》的拍攝，影片還入圍2008台北電影節學生金獅獎、入選2008南

瀛獎雙年展。印象中最深刻的一次演出，是曾經受邀到啟聰學校進行火
舞表演，雖然學生聽不見，但看到學生臉上顯露的欣喜神情，以激動手
語表現出他們對表演的感動和興奮，是我最難忘的一次經驗。

今年還寫了企劃書，與Orange火舞團（台灣首創的火舞團體），共同邀
約所有火舞表演團體，以及其它藝文表演團體，聯合台北當代藝術館，
舉辦了第二屆台灣火舞祭。希望將傳承理念延續下去，現場來了許多的
觀眾，及支持我們的朋友與家人；同時吸引了許多人對火舞表演藝術產
生興趣，參加我們白天的工作坊教學活動，對火舞有進一步的瞭解。火
並不可怕，只要懂得如何適當控制和使用，便能玩火於股掌之上。

我覺得只要有心去經營每一時刻，每個人都可以點燃自己的熱情，而擁
有精彩的生活。從來沒想過，坐辦公室的我，有天也能站在台上表演，
接受鎂光燈與掌聲的鼓舞。火舞變成生活中的火種，無論遇到什麼壓
力，只要拿起火把舞動，都能一掃而空。只要有心，每一刻都值得好好
經營，雖然常被工作追著跑，仍享受平凡生活中，不斷突破與刺激的新
發現，讓自己像火舞那樣精彩繽紛。

2009.08.28 信義新
光三越火舞義演。

（圖片由黃雅芬提供）

（圖片由黃雅芬提供）

我的搖擺舞Swing & Blues

—年逾不惑學跳舞—

記得小時候回家哭訴：「老師不讓我跳舞，説我動作很笨，沒有韻律感……」爸爸跑去學校抗議，幾百人的團體舞蹈有啥了不起，為何就是不願意把我放進去？氣勢驚人地據理力爭，依然沒有説服力，我始終被三振出局，不管是唱歌還是跳舞；甚至沒有小朋友願意跟我遊戲，因為我反應總是慢半拍或乾脆狀況外；看別人可以玩得輕鬆愉快，我卻怎麼也無法跟上別人的腳步，非常羨慕。

誰知道，年過半百，依然能如願呢？

在上過爵士搖擺舞數堂課後，理解了雙人舞的架構，跑去學探戈來建立肢體動作的體型，阿根廷探戈老師竟然誇我：「妳兩小時就有了人家學三個月的步伐耶！原來教年紀大的人還是有好處，理解力強，又不會像年輕女孩那樣容易恐慌……」我可是先在搖擺舞老師家笨手笨腳地被鍛練過兩個月才來的，當然進步神速啊！

怎麼也沒想到，原本只是去跳跳舞伸展筋骨，卻補足了多年來對師生關係的領悟，以及人與人之間雙雙起舞的要訣，忽而恍然天下至理皆有共通之處。

204

搖擺舞老師説：「雙人舞不必然是男女共舞，也可以是同性甚至技術好的，還可以三四人一起玩特技，重點是要有領舞者與跟隨者，扮演跟隨者的人，最重要的一點，是不管對錯，都必須配合領舞者，才能正確地捕捉彼此的默契。」

阿根廷探戈老師説：「女生永遠只能跟著男生的步伐，上半身貼緊，而下半身保持距離，謹守分際，既可預留空間讓彼此快慢自如地用雙腿交談，又可以維護『清白』地施展熱情；這也是探戈想表達的戀人張力。

男生不動，女生絕對不可以自作聰明地搶先邁出即使是『正確』的一步，而必須根據男生的推或引的暗示前進後退。維持自己的平衡，而感覺男生的動態，並『慢』零點一秒才跟進，能做到這兩點，那麼，就算完全沒有舞蹈基礎，也能翩翩起舞。」

看出來了嗎？不管是哪種社交舞，只要是雙人舞，原則都一樣，要分出領導者與配合者，才可能自然流暢地前進。

我想起多年來接觸過許多老師，每個人都用自己的哲學來告訴我這項真理，卻是年過半百後，在雙人舞中體悟，雖遺憾自己的遲鈍，卻依然在這數十小時的漫舞中，汲取了最寶貴的人生態度。

想知道這些哲學很簡單，要做到，何其困難，但好過朗朗上口卻始終無法邁出一步，就此而言，我是幸運的。

爵士搖擺舞教室。

(photo offer by Peter Vawter)

卡邦義大利餐廳每晚有現場音樂讓人跳舞。

左｜我的韓籍舞蹈老師Jandi Kim。右｜我的美籍舞蹈老師Peter Vawter。

（photo offer by Peter Vawter）

Part 6 愛戀台北

【台北食味半閒情】愛戀台北的重大理由

偶而，從清晨工作到傍晚，若不悶熱，我會套上走路鞋，沿著新生南路，穿越仁愛路、信義路經過綠林搖曳的大安森林公園，轉進金華街，路過小公園旁的George House，品茗一杯老闆自己烘培的非洲野生咖啡或中南美洲高海拔咖啡豆，再去按下永康街畫家朋友的門鈴，兩人一塊兒出去覓食；這是她的早午餐，卻是我的晚餐，她是夜貓子，而我是早起的鳥兒，不愛夜食，更不喜歡人山人海的食堂，一定要搶在店門開張前入座，而永康街的店家如街坊鄰居，趁著老闆備料，閒談三四句，還能撈出幾樣好味道。

台北幾處生活商圈，德、奧、義、法、英、美、日、希臘、印度、馬來……以及台味閩南、新疆、陝北、客家、南北料，應有盡有，誰家腸胃，都能忝為饕餮之門。異國味覺的騷擾，經常能點出幾分創意，腦海裡馬上浮現創意小菜，忍不住竊喜。

飽食過後，若非往南走到不賣茶水只賣好茶的茶館，喝兩杯芬芳撲鼻的高山茶，隨時有人過門打招呼或進門買茶葉，一室古色裝置擺設，也能隨性帶走；否則便到金華公園正後方巷弄裡的二手燈具店，去叨擾火金姑一碗小酒，順便修繕一盞七拼八湊的創意燈。

要不，也許去仁愛路巷子裡，按下另一位從事幼教的朋友門鈴，牽出兩輛腳踏車，遊逛師大或公館夜市甚至遠行通化街的熱鬧夜街，瞧瞧又多開了幾家異國風情，或尋找產量稀少的私釀水果醋與老茶醋。

隨處可見的日式台味小館，很容易客滿，未預約也只能插入半小時的空檔，匆促點了黑板上當日菜單的紫蘇蘋果、蜜漬梅山藥、雙味烤茄、泡菜豚肉與煮豆腐幾樣小碟，外加十幾味好料的魚生散壽司與日月牛肉飯，雖飽脹，但因菜色清雅而未讓腸胃遭難。

210

飯後閒步到羅斯福路上的生計糕餅老舖買四小盒綠豆糕，遇上已八十八歲的高媽媽掌櫃，硬是賠上細膩不遑多讓的雙味巧克力蛋糕與老字號多種口味月餅，外加兩盒入口綿軟融嘴的椰子涼糕與兩包核棗泥軟糖；手藝正宗得沒話講，入嘴便知，卻是台北人相繼遺忘的角落，還以為老店早已經過歲月磨蝕而引退了呢！若非一時饞嘴，真不敢相信如此細緻好味仍存活得生氣盎然。

穿越師大校園轉進小店紛紜的永康街，大小隱私廚的老闆，好整以暇地在店外板凳上吸菸，直嚷嚷好久不見，跑哪兒去了？往北路經 Truffle One 手工巧克力店，老闆與老闆娘揮手打招呼，只好進門挑一粒鮮果醬巧克力送進嘴裡等融化，喝杯私房茶，跟一旁捧書閱讀的京都門外漢舒國治聊上兩句，就得打道回府，沖完涼再寫幾個字，便該早早入眠了。

一條小巷弄似的街道卻功能十足。

小小永康公園被充分利用，中外老少咸宜。

左頁圖｜大安區最美麗的馬路仁愛路安全島。

台北最好吃的巧克力店Chocoholic。

哈克巧克的味道精準。

熱戀台式生活：便當的母親滋味

剛巧喝過朋友相贈的正山小種（Lapsang Souchong，藏文意思完美之手製成；Lap是手，Sang是完美，Sou是製作，Chong是完成），從福建茶山走過滇藏茶馬古道進入印度而轉賣給英國人，再成為世界上最昂貴的紅茶，據說必須由未嫁少女的手來採收。英國人始終沒搞懂Lapsang Souchong的由來，竟然是藏族茶商由衷讚嘆那片好茶好水的柔媚風景，脫口而出的美妙命名。

而朋友收藏雲貴地區的童鞋、童帽與揹兒帶，一針一線，都呈現著母親濃濃細膩而長遠的溫馨情，恰恰是一天忙碌過後的悠悠衷曲。

這美妙的一天，在餐桌上，想著的，是女人如何度過完美的一天。

女人，在中國，真的如文人所言，是大地之母，所有生活中必須張羅的，恰恰是那雙完美的手，包攬而成。

早期台灣最有名的便當，就是坐火車才能吃到的美味，從圓圓的回收型鐵飯盒，到竹片製作的環保型，乃至於後來上班族常用的保麗龍餐盒或紙盒，幾乎可以展示出一頁便當變遷史；其實食材內容差別不大，選擇也很少，主菜只有台式的滷豬腳、雞腿與豬排，外加一道青菜、滷蛋、油豆腐，以及許多人擺一邊卻必須看到的日式豔黃蘿蔔片。

當然，上班族能選擇的就更多了，通常是中午時間出現在辦公大樓邊，熱騰騰地隨便人挑選一道主菜與三樣小菜，大約七十元台幣左右搞定，幾乎與校園附近常見的自助餐小館差不多。

近期，許多連鎖便利商店，更搶進越來越多外食人口市場，打出五十元以下的廉價便當，反而吸引許多看見商機的事業第二春，便當市場，正

215

216

式成為企業經營的規模，服務周到地提供餐餐換菜送到府，隨叫隨送。

也有人慢慢吃膩了外食重口味的干擾，而開始懷念媽媽的滋味，紛紛打電話回家詢問，甚至乾脆把母親從外縣市搬來，重溫自備便當上班的幸福感。

午休時間，各家便當私房菜比一比，交換食譜，便這麼有滋有味地熱鬧起來。偶而有家人堅持送熱便當到學校或辦公室的，如孔雀開屏般炫耀地打開飯盒，鮮美而張揚地香氣四溢，別提有多麼羨煞人了。

做母親的若心疼，通常會教導子女幾樣耐擺耐炊的菜色，以備不時之需，因此各家準備食材的小撇步，便會在辦公室裡傳揚開來。

譬如一周只能採購一次的上班族，從選擇到保存食材的過程，就是必備的家常知識；省事、省時而價廉物美，是上上選。家中餐桌上的剩菜，不見得都適合裝進便當，講究點的，就必須另外處理。

最常見而實用的魚、肉與蔬菜的搭配如下：
一、味噌旗魚片，從菜市場採購回家後，每片清洗乾淨，立即抹鹽或厚厚的一層味噌，較容易保持鮮美而不會出現腥臭味，每層用烘焙紙隔開放進保鮮盒，送進冷凍庫，取用時，便能輕易拿出來清洗鹽分，或清蒸或油煎兩相宜，而不會搞亂或影響剩餘的物資。

二、至於肉品，更容易，一片片的豬排拍打醃製過後放冰箱，隨時可以取用，或紅燒或水滷或油炸，都是便當裡最受歡迎的主食，剩下的醬汁，還可以用來滷蛋、豆干、素雞等，甚至再拿來紅燒豬、雞、牛肉，味道更濃郁。

三、蔬菜是比較難處理的部分，由於將經過二次加熱，綠色葉菜類通常不會出現在便當裡，以免出現難看的顏色與怪異的味道；於是，根莖類與豆腐相關製品，便成為便當的常見配菜；或者，遇到更賢慧些的媽媽，也能自製泡菜或洗切好水果，當做便當的副食品。

我自己的經驗，使用日式多種蔬菜的拌飯，或者是炒米粉，是最清爽的便當食材，又不需擔心二度加熱後產生的異味；更因為中午時間，經常是胃口不佳，或過度飢餓的兩種極端，反而更需要不油膩的澱粉類充飢，又不會因為過多的肉品，造成頭腦昏沉而影響下午的工作效率。

吃來吃去，一盒便當的精采，往往是最容易收買幸福的滋味。許多香港明星來台拍片，最津津樂道的回憶，是讓人不意外的：便當！在香港叫做飯盒。因為港式飯盒，只有燒臘類主菜配上一樣青菜，感覺上，就是充飢而已；而台式便當則花樣百出，吃膩了，還有好幾家可提供選擇，更因為競爭激烈，家家還每周換菜，比顧客還緊張自己的菜色單調，內容豐富又便宜好吃，往往讓外地人驚艷不已，有時運氣好，還遇到創意十足的便當菜色，不亞於大館子的功夫菜，那才真是幸福滿嘴呢！

但我也見過一種幸福滋味，是萬年不變的。在友人家的廚房裡，女主人閒雅地做著簡易三明治，切成一嘴一口的小小塊，裝進餐盒裡，就成男主人的午餐便當。她宣稱：這是他指明永遠不可改變的菜單。

便當，通常都是用在時間匆忙的午餐，也因此，在侷限中顯現了無限的親情滋味……

台北夜生活的各種選擇

小時候一家人坐著三輪車去夜市打牙祭的光景,仍歷歷在目;眨眼間,約半世紀後,從轎車趕走三輪車,公共巴士嚇跑腳踏車,而今人人輕鬆坐捷運地鐵的日子,晨晚健康生活普及下,自行車的風光再現,步行,也成為一種新興時尚運動,夜晚的聲色場所,亦呈現出截然不同的面貌。

夜生活的分類,大致以年齡、職業別來區分,物以類聚,自然會吸引同樣的族群,同氣相求地彼此認同,在一個共同的外出空間裡,享受著獨有的私密角落;這也同樣提供了商家為消費者創造夜生活的發想,進而開發人氣市場,為自己帶來可觀的利潤,與相繼而來的各種悲喜交集。

有回參加法國在台協會的晚宴,管轄電影業務的法國官員閒來無事,口述送給我一個拍攝台北夜生活的企畫案:「妳知道嗎?台北夜生活最獨一無二的場景,是其他世界城市看不到的,太精采了,這是最好的劇本,我親眼目睹的……」他看到的,是我從未經歷過的,不知是否電影看多了,也許混淆了虛幻與真實而在法國佬的腦海裡熱鬧登場?不過,我依然因他獨到的旁觀視角,激勵了重新觀察這座城市的趣味。法國人說:「這座城市黑白區隔不深,亦敵亦友,床頭打完床尾和,人與人之間的交情像夫妻生活,尤其是在夜晚來臨的時候,似乎特別地真實……」

外國人喜歡台北的酒吧,特色之一是比較不吵鬧,也符合金融業者下班後需要喝一杯的冷靜需求;至於年輕人樂此不疲的重音樂夜店,則是辣妹群聚的場所,喜歡看明星或找潛力明星的星探,也會鶴立雞群(年齡與品味的落差)地出現,人擠人地在都市叢林中彼此取暖,而暫時麻醉在汲取繁華的夜幕下。

220

而周末家庭娛樂或週間的觀光揹包客遊覽，經常流連忘返的幾座夜市，原本是社區生活逐漸擴大的效應，吃宵夜買居家用品的廉價簡便市場，因各種便利性而吸引了外來客，成為亞洲城市最有誘惑力的觀光資源。

此外，台北夜生活的另類特色，就是誠品書店宣告不打烊的24小時服務後，延續了晚上泡漫畫書店外的更好選擇。幾乎所有人，都喜歡去誠品書店看書，然後再上網買廉價書，真正會去櫃檯付帳買書的，大概只剩下中老年讀者了。

那麼，我的選擇呢？不是泡茶館就是咖啡館。很簡單，因為台北的咖啡茶館最與眾不同的地方，就是講究人情味，店家與顧客之間，日久天長地，早已建立了親如家人的關係，幾乎天天報到的亦非鮮見；上了年紀的人，只剩下人情味的資糧最營養。只要有點年歲的店鋪，都擁有自己的固定客源，彷彿做了好幾輩子的親人，現在用有點距離的買賣關係來維繫親情；有時，老闆與顧客之間共享的私密故事，可能還多於家人。

永康街的小隱私廚，就是那種一過十點，老闆會拿出烈酒與老友暢飲的時刻；偶遇客滿時，彼此換個眼色，靜悄悄地，便神不知鬼不決地搞定了桌位，享受心照不宣的特權。光復南路的相思李舍茶館，隨時打通電話，即便是尚未營業或早已打烊，老闆都會從床上滾下來給老客戶開門，半睡半醒地招呼客人。金華街的喬治之家咖啡館，架子上擺了大大小小各色各樣各國的咖啡杯，都是老客戶寄放的專屬咖啡杯，不容許任何外人染指。

細膩而貼心的服務，就在不知覺間，讓人上癮。

221

　　早期的台北夜生活，幾乎都是特種營業的天下，那種大吃痛喝的狂歡年代，早已過時而不復見；如今，人人講究養生惜福的環保年代，就連正式飲宴也逐漸溫和有禮，而不會有粗魯的敬酒如罰酒的慣性，幾乎一走出夜店便紛紛噴泉地暴殄天物，浪費了整晚的好酒好菜。

　　不過，吃飽喝足再續攤的習性，似乎也沿襲到了下一代，不論老少，只要聚會，便要沒完了地熬到人人喊救命；吃飯、喝茶、飲酒到唱歌或跳舞，不到天明不罷休的夜生活，早已成為亞洲地區常態性的應酬模式；這一點，充分展現了人性怕孤獨的夜晚序幕，是任何大都會的生活元素。

　　夜台北，在我眼中，依然是溫和的繁華景象；至少，能放心地獨自散步，便已是都會生活裡最大的獎賞了。

222

血拼台北—有錢沒錢都能買到心滿意足—

在女生採購隊伍中，我是個愛走路卻少購物的婦女同胞，購買都是目標明確的一次性行動，不為廣告或櫥窗所左右，這些都是用來欣賞的，從未真正被打動過，除非是功能性非常強的廚房用品，即便如此，也是心動卻很少行動。

旅行多年後，一個揹包走江湖的習慣，更讓人感覺，天下之大，早已沒有非買不可的東西了。卻難以想像，在台北巷弄之間散步，竟能一步一腳印地採買起來。

台北的商家，鮮少主動推銷物品，但總能在顧客有需要時，服務到家。這種讓人舒適的採購環境，便在不知覺間令人放下戒備，外加身上有信用卡的人，便很容易身歷險境而成為不自覺的卡奴啦！多年前的卡奴災情，帶給台灣一次重大的警惕與警訊，彷彿戒毒般的購物上癮症，仍偶有所聞。

小時候的婆婆媽媽們，若非去靠近重慶南路的武昌街城中市場，就是到農安街旁中山北路三段可以買到廉價水貨的晴光市場；這兩座失去早年風華的市場，大概就是原始版的台式百貨公司，應有盡有地滿足婦女同胞的美麗願望。

近二十年來，時髦奢華的百貨公司家家挨著高樓矗立，我這半老不老的婦人，卻有一半以上尚未踏進，多半是有人宴客，或陪老友採購，自己是一丁點踏進去的欲望也沒有。

或許是從小被媽媽們耳濡目染的購物習慣給內化，總要走進有點懷舊風情的小空間，才能放心地慢慢付錢，卻並不見得比較省錢；有時很可能因為價廉物美而過度消費，買了自己並不需要的東西，而到處想方設法

地找理由送人；或者更嚴重地，因為喜歡某些朋友，而刻意理直氣壯地去幫她們買禮物，順便滿足自己的購買慾。

位於信義區忠孝東路五段的五分埔，藍色捷運線後山埤站出口，是台北最大的成衣批發市場，自從中華路商場違建戶拆遷過來之後，集體自救的勤懇活動力，爆發出日漸揚名海外的熱鬧市場，而意外地成為台北不可或缺的觀光景點。

由於早年紡織業與鞋業的代工貿易，創造了台灣外貿市場的蓬勃發展，繼而帶動了專業設計師的人才培養，而逐漸餵養了許多自有品牌茁壯的大好機會。

中山北路、南京東路與忠孝東路的大街小巷，幾乎是大小設計師的天堂，有牌沒牌地熱鬧登場，最成功的自創品牌iROO，全台有兩百多家連鎖店，正全面往國際發展；而沒有名氣卻十分有創意的品牌，則一群群地躲藏在生活商圈裡，經營著自家的購買聚落，無懼於大品牌與各名牌的大軍壓境。

從西門町的小妹妹逛街購物天堂，沿著捷運藍色板南線往東走，忠孝東路上百貨公司林立的辣妹一條街，走到信義區尾端的婆婆媽媽五分埔，便能一網打盡女人想要的各種奢侈品，從頭到腳的門面，無一漏網。物價可從幾萬一落到百元，都能讓人盡興。別說不可能，許多大明星的行頭，居然是在西門町或五分埔這種只有居家小女孩才買得起的市場裡，撈出來的。只要有眼力有品味又有時間，保證風光滿意。

然而，這幾條路線，都是我十年才走一回的逛街場域。菜市場與小巷弄，才是我們這幫老女人曾去的地方。

225

台北小城最有魅力之處，對我而言，除了幾個名聞遐邇的夜市如師大路、通化街、士林、萬華、西門町、淡水、饒河街與基隆夜市外，還有能買到許多傳統家常小吃的黃昏市場，以及離家不遠不近的東門市場，功能性十足地成為宴客時必訪的起點。

越來越喜歡走路的原因，正在於許多小巷弄裡的驚奇，如同發現新大陸般，總能忽然看見一戶又一戶的住宅，變成了吸引人走進去發懶的咖啡館或小飯館與茶館，甚至還能遇上一些開店為私人收藏的雅痞，或捨不得轉手卻根本不可能營利的二手書店；這些小商家儼然形成一種獨特的文化生活，把做生意做成了自己的門風，買賣擺一邊，來者是客地殷勤招待，有錢沒錢都當是大爺，小心溫暖地伺候著。

散步，是台北市民獨有的享受，雖沒有巴黎花園般的城市風景，亦沒有紐約的繽紛藝術風華，更沒有北京的恢宏大道；但台北的小巧，卻更人性化地，讓人走起來很輕盈舒適，走出好心情來，買什麼都叫人愜意，血拼過後，便不容易有後遺症的懊惱。

226

信義商圈是許多台北市民周末度假的散步血拼場所。

SPA 台北

第一次經驗SPA，是去台中訪友，被當作土包子戲弄，折騰了一晚上，又洗又按摩到天明，朋友說要洗夠本，害得我回家後連續三天不敢碰水。

後來，因緣巧合地寫了《風迷馬六甲》，而有幸認識到大馬經營SPA成大亨的台妹JoJo王，才知道五花八門的SPA竟然已被台灣人玩成了一門大學問，多元整合的各種創意，被發揮得淋漓盡致，簡直是昇級版的服務業。而JoJo賺到第一桶金的理論『永遠跑在最前端』，也實踐得很徹底，她總說：「不斷地創新，讓別人追不上，就能霸佔優先市場，而不容易被取代，人家就是想仿冒，也很難瓜分既成事實的市場，除非自己原地踏步不求上進地給別人可趁之機，那就只好自己摸摸鼻子認了……」

參觀過有如阿曼飯店的登琪爾SPA，嘆為觀止的不僅僅是內部裝潢的清幽富麗，更為那琳瑯滿目上百項的服務內容而驚訝萬分，隨便嘗試了幾種芳香療養與推拿，許多聞所未聞的養生方式，不但舒服極了，還非常有療效；尤其是被喜馬拉雅鹽蛋暖暖烘烘地滾過全身後，立刻想拜謝發明人，太偉大啦！愛戀台北的理由，當然又更添一椿了……

幸福郵戳在台北 Taipei Friendly!!!

台北的故鄉滋味

台北市最重要的兩座官方大會堂，是位於西區繁華中心點，費時四年於1936年完工的中山堂，以及坐落在西區最熱鬧地段的國父紀念館，為紀念孫中山先生百年誕辰而建；前者是政府接待外籍元首如尼克森、李承晚、吳廷延、賈西亞、巴勒維的場所，後者是綜合文化展演廳，附帶休憩性公園，而周邊則早已發展為著名的信義商圈。

蔣中正先生的歷任就職大典在中山堂進行，而1975年的喪禮，則在國父紀念館舉行。這兩所會堂從初始至今，常年舉辦許多大型國內外藝文表演活動，因此，地道的餐飲業，也集中在這兩區域蓬勃發展。

台北市街道不寬，是個散步的好地方，東西區的特色新舊有別，愛嚐時髦新鮮滋味，或者愛看帥哥美女，往東區走，肯定有斬獲，這還是朋友海外子女寒暑假返台的經驗談，沿著忠孝東路走到底，隨便晃，都能每分鐘撞上好幾個讓人目不轉睛的美女。

懷舊美味，則必然要在中山堂附近往西展延，三五十年老店，比比皆是，朋友們飯桌上隨意數一數，便能朗朗上口好幾家，一條龍、周胖子、美觀園、鴨肉扁……以及蔣經國先生外帶打包的隆記上海菜，據說還是個客家主廚的陳雙旺，征服了嘴刁的上海本幫，成為來台江浙外省族群解鄉愁的重要據點之一，漸漸名氣響亮，也"招惹"了台籍名人如黃信介、顏清標、陳昇等，是老一輩家族親友宴客的家常小館。

233

蔥烤鯽魚、烤芥菜、雪菜百頁、清蒸臭豆腐、砂鍋三鮮、黃豆湯等，是百吃不厭卻很難自己在家裡弄得像樣的功夫菜。江浙人做菜，就算是一顆雞蛋，也能鬧上好多的功夫，從選食材到挑、洗、切、燉、燜、炒，都非常講究工序，因此，一旦上癮，很難戒除那從味覺感官沾黏而出的鄉愁。

兩蔣時代，從大江南北遷移至台的外省人，以江浙人居多，因此，台菜吃百年，蘇杭小館則得有個幾十年的老店，才能入口對味。台菜小吃，多半是好幾代傳人，在傳統美味上能做手腳突破而大發利市的，也都要傳到第三代，才能根據原有的傳統基礎，做出有創意的時尚美食。

來台蓬勃發展的大陸菜系，除了五星級飯店主流的江浙菜，還有兩岸盛行的麻辣川菜，紅遍海內外的粵菜；山東與湖南菜，則在眷村小店的家常菜單中流竄；而福州、潮州、閩西與閩南等福建菜，則早已混淆統一為台菜，很難區隔，偶有幾家老牌潮州菜，也似乎苟延殘喘於鬧市中，不如香港人那樣重視潮州菜，得以發展為精緻的功夫菜。

我的嘴刁老友曹又方，就是潮州菜的酷愛者，一碗三鮮米粉，可以讓她心滿意足地心情大好，但若入嘴不對盤，山珍海味的萬元大餐，也難討她的歡心，就是能毫不掩飾饕餮的恐怖面孔，質問這不是人吃的東西也能收這麼昂貴的價錢。

陪吃多年，慢慢發現，她找的，不僅僅是美味，而是那濃得化不開的鄉愁。

幾個月前，她進加護病房，都還唸叨著要吃東北家鄉菜，因為那是她的老家，而長於斯的上海，則又是她時時都在尋找的母親氣味。

說得一口好菜，通常是這些從大陸遷移來台的外省族群的重要嗜好，愛吃，是通病，不管有錢沒錢，掂掂口袋的分量，每周或至少每月也要擠出一頓好吃的。平時，就靠著嘴上功夫來打牙祭啦！

父親但憑人人說得一口好菜，而跟著部隊沿途學會許多各省家鄉菜，院

234

子裡那口四川泡菜醬缸，就是我童年的零食，至今仍清晰地記得，忍不住掀蓋苦等最愛的黃瓜、白蘿蔔熟透，父親心疼，反而讓我經常吃到不熟的泡菜。而他常吹牛江西老家的蘿蔔比人大，哪裡像台灣的菜，什麼都小，急死人！是大是小，根本不重要，但一頓飯，就是有這麼多的鄉愁。

九一年第一次到北京王府井，沿著夜市那條街，一口口地吃著每個攤位，心裡想，這恐怕是父親的願望，我的腸胃，就這麼點大，卻要裝進如許多的鄉愁，不屬於我，卻又留在血液中的，渴求著揮之不去的故鄉滋味。

請蓋上12枚不同的台北郵局郵戳

請蓋上12枚店家發票章或店章

1	2	3
4	5	6
7	8	9
10	11	12

幸福郵戳在台北 Taipei Friendly!!!

社長｜呂雪月
作者｜陳念萱
主編｜丁多
美編｜徐蕙蕙
一校｜陳念萱
二校｜劉悅姒
總顧問｜王星威
法律顧問｜羅明通律師
出版者｜甯文創事業有限公司　Email: ningfeifei9813@gmail.com
　　　　地址：106台北市大安區復興南路二段45號2樓

發行統籌｜華品文創出版股份有限公司　地址：100台北市中正區重慶南路一段57號13樓之1
讀者服務專線：＋886-2-2331-7103　(02)2331-8030　傳真：＋886-2-2331-6735
Emai：service.ccpc@msa.hinet.net　部落格：http://blog.udn.com/CCPC

總經銷｜大和書報圖書股份有限公司　地址：台北縣新莊市五工五路2號
電話：(02) 8990-2588　傳真：(02) 2299-7900

製版與印刷｜仟業影印有限公司

2011年（民100）1月初版一刷
定價｜NT$290
版權所有　翻印必究
ISBN 978-986-86935-1-7
Printed in Taiwan

國家圖書館出版品預行編目（CIP）資料

幸福郵戳在臺北 / 陳念萱作.
—— 初版. —— 臺北市：甯文創，民100.01
面；　公分 ——（閒步古城書系：01）
ISBN　978-986-86935-1-7（平裝）
1. 旅遊文學　2. 臺北市

733.9/101.69　　　　　　　　100000188